AF163284

1 Ernährung mit Vollkost

Diese Empfehlungen bitte immer mit Ernährungsberater/in, Arzt oder Diätologen/in absprechen! Die Rezepte und Zutatenlisten unterstützen die medizinischen Therapien.

Die Kalorienangaben frischer Zutaten (Obst und Gemüse) und die Inhaltsstoffe schwanken je nach Qualität und Erntezeit. Die Inhalte wurden von einer Diätologin und einer Ernährungsberaterin für die Traditionelle Chinesische Medizin (TCM) geprüft.

Autor:

Liebe Leserinnen und Leser, ich wünsche Ihnen viel Erfolg und gutes Gelingen bei der Umstellung Ihrer Ernährung. Dieses Buch wurde aus eigener Erfahrung mit Krankheit und Ernährung geschrieben und ich habe schon immer das Zubereiten guter Speisen geschätzt. Wenn Sie nicht so geübt sind im Kochen, empfiehlt sich ein Kurs bei Ernährungsberatern oder Diätologen, die Ihnen die Grundlagen der Kochmethoden sowie die richtige Verarbeitung der Zutaten vermitteln können. Anhand der Lebensmittellisten aus diesem Buch können Sie weitere Rezepte entwickeln und entdecken.

Quelle:

Die Listen werden aus der EBNS-Datenbank für die Ernährungsberatung generiert. Die Datenbank wird von Ernährungsberater, Therapeuten und Ärzte für die Beratung der Patienten/Klienten verwendet und ermöglicht eine Kombination mehrerer Syndrome.

Literaturliste:

Wir haben die Unterlagen als Wissensbasis genutzt und an unsere Erfahrungen angepasst und ergänzt.

www.ebns.at

Herstellung und Verlag:

BoD – Books on Demand, Norderstedt

ISBN: 9783741286193

DIÄTETIK - Allgemein - Vollkost

(Buch: 008)

1 Ernährung mit Vollkost ... 1
1.1 Vorwort ... 5
1.2 Beschreibung ... 8
1.3 Therapiestrategie ... 8
1.4 Vermeiden ... 8
2 Speiseplan ... 8
2.1 Frühstück ... 8
2.2 Jause ... 10
2.3 Mittag ... 10
2.4 Nachmittag ... 12
2.5 Abend ... 12
3 Rezepte ... 15
3.1 Andalusischer Fischtopf ... 15
3.2 Apfel-Bananen-Creme ... 16
3.3 Aprikosen-Preiselbeer-Eis ... 16
3.4 Bananen-Sojamilch ... 17
3.5 Bandnudeln mit Blattspinat ... 17
3.6 Bärlauch-Pesto ... 18
3.7 Bircher Müsli ... 19
3.8 Blattsalat mit Frischkäse ... 20
3.9 Bratapfel ... 21
3.10 Brokkolicrèmesuppe ... 21
3.11 Brokkoli-Parmesan-Aufstrich auf Toastbrot ... 22
3.12 Champignonreis ... 23
3.13 Couscous-Salat ... 24
3.14 Curryreis mit Rosinen und Nüssen ... 25
3.15 Dinkel mit Obst und Nüssen ... 26
3.16 Ente mit Mungbohnen ... 26
3.17 Erfrischende Gurkensuppe mit Kartoffeln ... 27
3.18 Exotisches Linsengericht ... 28
3.19 Fein gewürzte Zucchini mit Tomaten ... 29
3.20 Feiner russischer Borschtsch ... 30
3.21 Fenchel mit gerösteten Walnüssen ... 31
3.22 Fenchel-Reissuppe ... 32
3.23 Frühlingssalat ... 33
3.24 Frühstück - Reis mit Früchten ... 33
3.25 Frühstück mit Käse ... 34
3.26 Gekochter Selleriesalat mit exotischen Gewürzen ... 35
3.27 Gelbe Linsensuppe ... 36
3.28 Gemüseeintopf mit provenzalischer Pistou ... 37

3.29 Gemüsenudeln mit Tomatensugo 38
3.30 Gemüsereis 39
3.31 Gemüsetopf mit Tofu und Curry auf Naturreis 39
3.32 Geröstete Hirse mit Stangensellerie 41
3.33 Gerstenbratlinge 41
3.34 Gerstenbrei mit Beeren 42
3.35 Gerstenbrei mit gedünsteter Birne 43
3.36 Gerstenbrei mit Pflaumen 44
3.37 Gersten-Gemüse-Suppe 44
3.38 Geschnetzeltes Huhn mit Walnüssen und Sherry 45
3.39 Getreidekaffee mit Kardamom 46
3.40 Getreide-Obst-Brei 47
3.41 Gewürzkuchen mit Datteln 47
3.42 Grießbrei mit Banane 48
3.43 Grießklößchensuppe 49
3.44 Grießsuppe mit Gemüse 50
3.45 Grundrezept für eine Hühnerbrühe (wärmend) 50
3.46 Grundrezept für eine nahrhafte Gemüsebrühe 51
3.47 Grundrezept für eine Reissuppe (Congee) 52
3.48 Grundrezept für eine Rinderbrühe (klar) 53
3.49 Gurkensalat 53
3.50 Haferflocken mit aromatischen Gewürzen 54
3.51 Haferflockensuppe mit Frühlingszwiebeln und Karotten 55
3.52 Herzhafter Polentabrei 55
3.53 Herzhaftes Winterfrühstück 56
3.54 Hüttenkäse mit gedünstetem Obst 57
3.55 Joghurt mit Honig und Nüssen 57
3.56 Kaffee 58
3.57 Kalte Kirschsuppe mit Quarkklößchen 58
3.58 Karottendrink 59
3.59 Karotten-Hirse-Auflauf mit Apfelkompott 59
3.60 Karotten-Kartoffel-Rucola Brötchen 61
3.61 Karottensuppe 61
3.62 Kartoffel-Basilikumsuppe 62
3.63 Kartoffelcreme mit Kräuter-Frischkäse 63
3.64 Kartoffel-Gnocchi mit Gemüse und Basilikumsoße 64
3.65 Kartoffeln mit Quark-Soße 65
3.66 Kohlrabi in Kerbelsoße mit Kartoffeln 66
3.67 Kompott aus einheimischem Obst und Trockenfrüchten 67
3.68 Kürbiscurry 67
3.69 Kürbis-Joghurt-Suppe 68
3.70 Kürbisschnitzel mit Gewürzreis 69
3.71 Kürbissuppe 70

3.72 Lachs auf Tomaten-Spinat ... 71
3.73 Lasagne mit Tofucreme ... 72
3.74 Lauch-Kartoffel-Gratin ... 72
3.75 Linsen-Kastanien-Suppe mit Curry ... 73
3.76 Mango-Bananen-Joghurt-Drink eiskalt ... 74
3.77 Marinierter Kabeljau auf Kürbispüree ... 75
3.78 Misosuppe mit Tofu ... 76
3.79 Nudeln mit Putenfleisch und Ananas ... 76
3.80 Obstsaftgetränk ... 77
3.81 Ofenkartoffeln mit Sellerie-Quark ... 78
3.82 Palatschinken mit Spinat und Parmesan ... 79
3.83 Paprika-Tomatenreis ... 80
3.84 Pikante Avocadocreme mit Hüttenkäse ... 80
3.85 Pikante Tofu-Gemüse-Pfanne ... 81
3.86 Polenta mit Pfirsich ... 82
3.87 Porridge mit Rosinen und Sake ... 83
3.88 Preiselbeer-Joghurt-Mix ... 83
3.89 Putenbrust mit Gemüse (asiatisch) ... 84
3.90 Quarkknödel auf Erdbeermus ... 85
3.91 Reis mit gedämpftem Gemüse ... 86
3.92 Reispudding ... 86
3.93 Rhabarber-Apfel-Grütze ... 87
3.94 Rindfleischsalat ... 88
3.95 Roher Selleriesalat ... 89
3.96 Rührei mit Rucola und Kräutern ... 89
3.97 Schnellpolenta mit Avocado und Frühlingszwiebel ... 90
3.98 Sellerie-Kartoffel-Cremesuppe ... 91
3.99 Selleriesuppe ... 92
3.100 Szegediner Fischgulasch ... 92
3.101 Tee aus Anissamen ... 93
3.102 Tee aus Grüntee ... 94
3.103 Tee aus Schwarztee (Russischer Tee) ... 94
3.104 Tomaten mit Mozzarella ... 95
3.105 Tomatensuppe ... 95
3.106 Ungarischer Reissalat ... 96
3.107 Vitamindrink ... 97
3.108 Weizengrießklößchen mit Olivenkräutersoße und Salat ... 97
3.109 Zucchini mit Basilikum-Pesto ... 98
3.110 Zucchini-Grieß-Cremesuppe ... 99
4 Wirkung der Lebensmittel ... 100
4.1 Zutaten verwenden: empfehlenswert ... 100
4.2 Zutaten verwenden: ja ... 101
4.3 Zutaten verwenden: wenig ... 107

4.4 Kontraindikativ wirkende Lebensmittel nicht verwenden 108
5 Komplementär 108
5.1 Dekokt (Abkochung) 108
5.1.1 Kardamom 108
5.2 Heil-Tee (Aufguss) 108
5.2.1 Kümmel 108
5.2.2 Wermut 108
5.3 Pulver 109
5.3.1 Acerola 109
6 Grundlagen der Ernährung 110
6.1 Ernährung 110
6.2 Rezepte 112
6.3 Lebensmittel 113
6.4 Kräuter 114
7 Weitere Ernährungsvorschläge 115

1.1 Vorwort

Die Weltgesundheitsorganisation (WHO) davon spricht, dass bis zu 80% der Erkrankungen durch äußere Faktoren wie Ernährung, Lebensstil, Umweltgifte und dergleichen beeinflusst werden.

Welche Faktoren also jeder einzelne von uns aktiv beeinflussen kann und somit seine Chancen auf Erhöhung der allgemein Gesundheit erzielen kann, darum geht es auf den folgenden Seiten.

Der Fokus in diesem Buch liegt auf dem Faktor mit der größten Hebelwirkung - der Ernährung.
Schon Hippokrates hat einst gesagt “Lass die Nahrung deine Medizin sein und Medizin deine Nahrung!” Kräuterpädagog:innen heute sagen so: “Es gibt für jede Krankheit das richtige Kraut.”

Egal wie wir es drehen und wenden, wir sind was wir essen (und was unser Essen gegessen hat). Der moderne Mensch sieht sich gerne isoliert von seiner Umwelt. Wir entstehen aus unserer Umwelt, wir leben inmitten von ihr und wenn wir sterben gehen wir wieder in unsere Umwelt über. Während wir leben essen wir das, was in unserer Umwelt wächst (oder in Fabriken chemisch erzeugt wird). Diese Nahrung liefert die Energie und Bausteine, für den eigenen Körper, für den Stoffwechsel, Zellerneuerung, den Hormonhaushalt und damit für unser gesamtes Sein, die Gesundheit und unser Empfinden.

Hier ein paar Grundbausteine, bevor in dem Buch noch näher auf Ernährungsfaktoren eingegangen wird, die sozusagen der kleinste gemeinsame Nenner der meisten Ernährungsphilosophien sind:

- Saisonalität
    - Winterpflanzen, wie zum Beispiel verschiedene Kohlgewächse, versorgen uns mit Unmengen von Vitamin C und Bitterstoffen. Zwei Faktoren, die unser Immunsystem bei der Abwehr von der Kälte und den typischen Infekten in der Winterzeit unterstützen.
    - Sommerpflanzen wie zum Beispiel Gurken, Tomaten aber auch Zitrusfrüchte kühlen unseren aufgeheizten Körper und versorgen uns mit viel Wasser.
    - Außerdem müssen bei saisonalen Pflanzen weniger chemische Helferlein eingesetzt werden, da die passenden Umweltfaktoren das Wachstum sowieso fördern.
- Regionalität
    - Damit einher geht auch der Faktor der Regionalität. Regionale pflanzliche Lebensmittel werden reif geerntet und haben somit alle Nährstoffe entwickeln können. Im Gegensatz dazu wird Obst und Gemüse aus ferneren Ländern unreif geerntet und nur durch den Einsatz von chemischen Mitteln unnatürlich "nachgereift" - bzw. nur nach-gefärbt. Die Dichte der Nährstoffe und auch der Geschmack kann dabei niemals mit regionalen Lebensmitteln mithalten. (Sie haben es vielleicht schon selber erlebt, dass eine Südfrucht aus dem jeweiligen Ursprungsland dort im Urlaub viel süßer und vollmundiger schmeckt als die gleiche Frucht aus dem zentraleuropäischen Supermarkt).
- Pflanzenbasierte Ernährung
    - Ja, diese Basis teilen selbst die Anhänger der Fleischdiät mit den Veganern. Denn bei der Fleischdiät geht es auch um Fleisch von Tieren, die sich artgerecht, sprich von vielen Gräsern und Kräutern ernährt haben. Die Masse an Getreide in der heutigen Ernährung - egal ob bei Mensch oder Tier - entspricht nicht der natürlichen Ernährungsweise. Sie macht uns krank, dick und manche behaupten sogar dumm (das weist auf die Schädigung der neuronalen Netzwerke hin, die durch den Konsum von Kohlenhydraten

passiert hin). Pflanzen im Sinne von Gemüse, Kräutern, Salaten, Sprossen, in geringen Mengen Obst, Nüsse, Samen, etc. liefern neben den viel beschriebenen Vitaminen und Mineralstoffen vor allem sekundäre Pflanzenstoffe, die herausragende Heilwirkung haben. So werden eine Vielzahl unserer Medikamente auf Basis der natürlich vorkommenden Pflanzenstoffe nachgebaut. Allerdings sind da diverse Säuren und andere Wirkstoffe extrahiert und wirken nur alleine - mit den Pflanzen selbst nehmen wir sie in einer reichhaltigen und sich gegenseitig verstärkenden Kombination vielerlei wirksamer Stoffe zu uns.

Ja zusätzlich zu diesen 3 großen Punkten gibt es immer noch sehr viel zu beachten. Ein optimales Verhältnis von Omega 3 zu Omega 6 Fettsäuren (empfohlen wird 1:3), eine individuell und situationsbedingte Eiweißversorgung und so weiter.

Eine ganz gute und einfache Richtlinie für die alltägliche Ernährung bietet der ideale Teller. Der sieht so aus, dass möglichst jede Mahlzeit zur Hälfte aus pflanzlichen Bestandteilen besteht, ein Viertel der Eiweißversorgung dient und ein Viertel die Mahlzeit durch gute Fette und eventuell Kohlenhydrate abrundet.

Die Feinjustierung rund um die Zubereitungsarten, die Zusammenstellungen und so weiter sehe ich als sehr individuell an. Es gibt meines Erachtens nicht die 1 perfekte Ernährung. Es gibt so viele großartige Philosophien und Studien, die alle wunderbare Heilungen berichten und sich dabei aber gegenseitig ausschließen. Was auf den ersten Blick vielleicht paradox wirkt, eröffnet bei näherer Betrachtung ganz viele Möglichkeiten des Probierens und neuer Chancen.

Neben der Ernährung werden noch folgende Faktoren genannt:

- die Giftstoffbelastung in unserer Umwelt sowie in Pflegeprodukten oder eben in der Ernährung
- eine Balance aus Aktivität, (kurzzeitigem) Stress und der Entspannung wie auch Schlaf
- Aufarbeitung der emotionalen Wunden aus der Vergangenheit und Steigerung der Resilienz
- Biologische Zahnheilkunde
- eine optimierte Versorgung durch Heilkräuter, Heilpilze udgl.
- Früherkennung durch bewährte und schonende Verfahren

1.2 Beschreibung

Gesunde Ernährung mit Lebensmittel, welche leicht besorgt werden können.

1.3 Therapiestrategie

Die zehn Regeln der DGE beachten. Vollwertig, bezogen auf Nährstoffe, Wirkstoffe und Energie. Fette mit hohem Anteil an ungesättigten Fettsäuren verwenden. Schmackhaft, aber nicht zu salzig würzen und Kräuter (Geschmack und Optik) verwenden.
Entsprechende Zubereitung.
Speisen und Getränke sollen nicht zu heiß und nicht zu kalt sein.
Langsam essen und gut kauen, damit der Bissen eingespeichelt und angewärmt wird. Leichter Kaffee, wenig oder kein Alkohol und Getränke mit wenig oder keinem Zucker.
Individuelle Unverträglichkeiten berücksichtigen.
Hinweise zur Zubereitung von Speisen:
Speisen frisch und fettarm herstellen. Fettarme Kochtechniken: Dünsten, Kochen, Dämpfen, Garen in Folie und im Römertopf. Fette nicht zu stark erhitzen (keine starken Röstprodukte). Speisen müssen durchgegart sein.

1.4 Vermeiden

Alkohol, Rauchen, sehr scharfe, stark gewürzte, fette bzw. zuckerreiche Speisen.

2 Speiseplan

Kkal. p. Portion

2.1 Frühstück

Bananen-Sojamilch 125,8
Bircher Müsli 384,0
Bratapfel 408,0
Couscous-Salat 338,2
Curryreis mit Rosinen und Nüssen 275,3

Dinkel mit Obst und Nüssen 289,7
Frühstück - Reis mit Früchten 230,7
Frühstück mit Käse 512,1
Gekochter Selleriesalat mit exotischen Gewürzen 165,1
Gemüsenudeln mit Tomatensugo 561,8
Gemüsereis 303,8
Geröstete Hirse mit Stangensellerie 400,1
Gerstenbratlinge 398,0
Gerstenbrei mit gedünsteter Birne 113,8
Gerstenbrei mit Pflaumen 106,8
Gersten-Gemüse-Suppe 281,3
Getreidekaffee mit Kardamom 3,6
Getreide-Obst-Brei 175,0
Grießbrei mit Banane 307,3
Grießsuppe mit Gemüse 105,5
Haferflocken mit aromatischen Gewürzen 280,6
Haferflockensuppe mit Frühlingszwiebeln und Karotten 134,8
Herzhafter Polentabrei 262,0
Herzhaftes Winterfrühstück 678,0
Hüttenkäse mit gedünstetem Obst 214,5
Joghurt mit Honig und Nüssen 258,0
Kaffee 16,1
Karottendrink 143,0
Karottensuppe 104,8
Kartoffel-Basilikumsuppe 95,6
Kartoffelcreme mit Kräuter-Frischkäse 217,0
Kohlrabi in Kerbelsoße mit Kartoffeln 187,7
Kompott aus einheimischem Obst und Trockenfrüchten 45,0
Kürbis-Joghurt-Suppe 68,2
Misosuppe mit Tofu 51,0
Obstsaftgetränk 175,5
Pikante Avocadocreme mit Hüttenkäse 613,8
Polenta mit Pfirsich 197,2
Porridge mit Rosinen und Sake 427,0
Preiselbeer-Joghurt-Mix 57,1
Quarkknödel auf Erdbeermus 553,3
Reispudding 316,2
Rhabarber-Apfel-Grütze 180,0
Rindfleischsalat 249,0
Roher Selleriesalat 590,0
Rührei mit Rucola und Kräutern 360,0
Schnellpolenta mit Avocado und Frühlingszwiebel 449,5
Tee aus Anissamen 2,8

Tee aus Grüntee 3,0
Tee aus Schwarztee (Russischer Tee) 7,9
Ungarischer Reissalat 421,5
Vitamindrink 172,1

2.2 Jause

Apfel-Bananen-Creme 110,4
Bärlauch-Pesto 795,5
Gerstenbrei mit Beeren 112,6
Gewürzkuchen mit Datteln 807,7
Karotten-Kartoffel-Rucola Brötchen 94,0

2.3 Mittag

Andalusischer Fischtopf 348,0
Aprikosen-Preiselbeer-Eis 106,6
Bananen-Sojamilch 125,8
Bandnudeln mit Blattspinat 722,8
Bärlauch-Pesto 795,5
Bircher Müsli 384,0
Blattsalat mit Frischkäse 802,0
Bratapfel 408,0
Brokkolicrèmesuppe 98,0
Brokkoli-Parmesan-Aufstrich auf Toastbrot 148,0
Champignonreis 410,0
Couscous-Salat 338,2
Curryreis mit Rosinen und Nüssen 275,3
Ente mit Mungbohnen 746,7
Erfrischende Gurkensuppe mit Kartoffeln 148,3
Exotisches Linsengericht 143,8
Fein gewürzte Zucchini mit Tomaten 203,2
Feiner russischer Borschtsch 171,7
Fenchel mit gerösteten Walnüssen 341,7
Fenchel-Reissuppe 155,9
Frühlingssalat 162,0
Gekochter Selleriesalat mit exotischen Gewürzen 165,1
Gelbe Linsensuppe 155,1
Gemüseeintopf mit provenzalischer Pistou 137,9
Gemüsenudeln mit Tomatensugo 561,8

Gemüsereis 303,8
Gemüsetopf mit Tofu und Curry auf Naturreis 162,0
Geröstete Hirse mit Stangensellerie 400,1
Gerstenbratlinge 398,0
Gerstenbrei mit gedünsteter Birne 113,8
Gerstenbrei mit Pflaumen 106,8
Gersten-Gemüse-Suppe 281,3
Geschnetzeltes Huhn mit Walnüssen und Sherry 303,5
Getreidekaffee mit Kardamom 3,6
Getreide-Obst-Brei 175,0
Grießbrei mit Banane 307,3
Grießklößchensuppe 287,0
Grießsuppe mit Gemüse 105,5
Gurkensalat 27,0
Haferflockensuppe mit Frühlingszwiebeln und Karotten 134,8
Herzhafter Polentabrei 262,0
Hüttenkäse mit gedünstetem Obst 214,5
Joghurt mit Honig und Nüssen 258,0
Kaffee 16,1
Kalte Kirschsuppe mit Quarkklößchen 320,4
Karottendrink 143,0
Karotten-Hirse-Auflauf mit Apfelkompott 349,7
Karotten-Kartoffel-Rucola Brötchen 94,0
Karottensuppe 104,8
Kartoffel-Basilikumsuppe 95,6
Kartoffelcreme mit Kräuter-Frischkäse 217,0
Kartoffel-Gnocchi mit Gemüse und Basilikumsoße 166,8
Kartoffeln mit Quark-Soße 413,7
Kohlrabi in Kerbelsoße mit Kartoffeln 187,7
Kompott aus einheimischem Obst und Trockenfrüchten 45,0
Kürbiscurry 193,3
Kürbis-Joghurt-Suppe 68,2
Kürbisschnitzel mit Gewürzreis 438,0
Kürbissuppe 104,7
Lachs auf Tomaten-Spinat 364,8
Lasagne mit Tofucreme 300,5
Lauch-Kartoffel-Gratin 368,6
Linsen-Kastanien-Suppe mit Curry 175,0
Mango-Bananen-Joghurt-Drink eiskalt 121,4
Marinierter Kabeljau auf Kürbispüree 201,6
Misosuppe mit Tofu 51,0
Nudeln mit Putenfleisch und Ananas 291,8
Obstsaftgetränk 175,5

Ofenkartoffeln mit Sellerie-Quark 304,0
Palatschinken mit Spinat und Parmesan 329,7
Paprika-Tomatenreis 291,3
Pikante Avocadocreme mit Hüttenkäse 613,8
Pikante Tofu-Gemüse-Pfanne 241,4
Polenta mit Pfirsich 197,2
Porridge mit Rosinen und Sake 427,0
Preiselbeer-Joghurt-Mix 57,1
Putenbrust mit Gemüse (asiatisch) 535,0
Quarkknödel auf Erdbeermus 553,3
Reis mit gedämpftem Gemüse 166,7
Reispudding 316,2
Rindfleischsalat 249,0
Roher Selleriesalat 590,0
Rührei mit Rucola und Kräutern 360,0
Schnellpolenta mit Avocado und Frühlingszwiebel 449,5
Sellerie-Kartoffel-Cremesuppe 112,9
Szegediner Fischgulasch 280,0
Tee aus Anissamen 2,8
Tee aus Schwarztee (Russischer Tee) 7,9
Tomaten mit Mozzarella 436,2
Tomatensuppe 100,5
Ungarischer Reissalat 421,5
Vitamindrink 172,1
Weizengrießklößchen mit Olivenkräutersoße und Salat 244,8
Zucchini mit Basilikum-Pesto 467,7
Zucchini-Grieß-Cremesuppe 146,0

2.4 Nachmittag

Apfel-Bananen-Creme 110,4
Gerstenbrei mit Beeren 112,6
Gewürzkuchen mit Datteln 807,7
Karotten-Kartoffel-Rucola Brötchen 94,0
Reispudding 316,2
Schnellpolenta mit Avocado und Frühlingszwiebel 449,5

2.5 Abend

Aprikosen-Preiselbeer-Eis 106,6

Bircher Müsli 384,0
Bratapfel 408,0
Brokkolicrèmesuppe 98,0
Curryreis mit Rosinen und Nüssen 275,3
Erfrischende Gurkensuppe mit Kartoffeln 148,3
Exotisches Linsengericht 143,8
Fein gewürzte Zucchini mit Tomaten 203,2
Feiner russischer Borschtsch 171,7
Fenchel-Reissuppe 155,9
Gekochter Selleriesalat mit exotischen Gewürzen 165,1
Gelbe Linsensuppe 155,1
Gemüseeintopf mit provenzalischer Pistou 137,9
Gemüsenudeln mit Tomatensugo 561,8
Gemüsetopf mit Tofu und Curry auf Naturreis 162,0
Gerstenbrei mit Pflaumen 106,8
Gersten-Gemüse-Suppe 281,3
Geschnetzeltes Huhn mit Walnüssen und Sherry 303,5
Getreidekaffee mit Kardamom 3,6
Grießbrei mit Banane 307,3
Grießklößchensuppe 287,0
Grießsuppe mit Gemüse 105,5
Herzhafter Polentabrei 262,0
Kaffee 16,1
Kalte Kirschsuppe mit Quarkklößchen 320,4
Karottendrink 143,0
Karottensuppe 104,8
Kartoffel-Basilikumsuppe 95,6
Kartoffel-Gnocchi mit Gemüse und Basilikumsoße 166,8
Kohlrabi in Kerbelsoße mit Kartoffeln 187,7
Kompott aus einheimischem Obst und Trockenfrüchten 45,0
Kürbiscurry 193,3
Kürbis-Joghurt-Suppe 68,2
Kürbissuppe 104,7
Lasagne mit Tofucreme 300,5
Linsen-Kastanien-Suppe mit Curry 175,0
Mango-Bananen-Joghurt-Drink eiskalt 121,4
Marinierter Kabeljau auf Kürbispüree 201,6
Misosuppe mit Tofu 51,0
Nudeln mit Putenfleisch und Ananas 291,8
Obstsaftgetränk 175,5
Ofenkartoffeln mit Sellerie-Quark 304,0
Palatschinken mit Spinat und Parmesan 329,7
Paprika-Tomatenreis 291,3

Pikante Tofu-Gemüse-Pfanne 241,4
Polenta mit Pfirsich 197,2
Preiselbeer-Joghurt-Mix 57,1
Reis mit gedämpftem Gemüse 166,7
Rindfleischsalat 249,0
Sellerie-Kartoffel-Cremesuppe 112,9
Selleriesuppe 101,2
Tee aus Anissamen 2,8
Tee aus Grüntee 3,0
Tee aus Schwarztee (Russischer Tee) 7,9
Vitamindrink 172,1
Weizengrießklößchen mit Olivenkräutersoße und Salat 244,8

3 Rezepte

empfehlenswert = Sie können mehr verwenden
wenig = wenn möglich weniger verwenden
weniger als angegeben = möglichst nicht verwenden

3.1 Andalusischer Fischtopf

Stärkt Immunsystem, beugt Krebs vor, löst Stagnation, fördert Gewichtsabnahme, regt Appetit an. Gut bei Abwehrschwäche, Appetitlosigkeit, Blähungen, Bluthochdruck, Depressionen, Diabetes, Durchfall.

Anzahl Portionen:	4
Kalorien p. Portion	348
Gramm p. Portion	355,05
Kochdauer ca.	30 Min.
Allergene:	ADLO

(Kohlehydrat:71,39% / Eiweiß & Fett:28,61%)
100g.≈ Eiweiß 20,04g. Fett:6,52g.
µg. - Ph:15,55 Na:20,18 Ka:34,69 Mg:13,44 Ca:42,9 Fe:0,13 Zn:0,02 Col.:0,79 Hsr.:9,89

Zutaten:
Grundrezept für eine Gemüsebrühe nahrhaft 500 ml. / 500g. (ja)
Zwiebel Frühlingszwiebel 2 Stück / 40g. (ja)
Olivenöl 1 EL / 20g. (ja)
Zitrone Schale 1/2 Stück / 3g. (ja)
Lorbeerblatt 1 Stück / 1g. (ja)
Kartoffel 200 g / 200g. (ja)
Kabeljau 300 g. / 300g. (empfehlenswert)
Weißwein 4 EL / 80g. (wenig)
Zitrone Saft 1/2 EL / 10g. (ja)
Salz 1 Prise / 1g. (wenig)
Pfeffer gemahlen 1 Prise / 0,2g. ()
Petersilie 1 EL / 15g. (ja)
Weißbrot (Weizenbrot) 8 Scheiben / 250g. (wenig)

Kochanleitung:
Gemüsebrühe mit kleingeschnittenen Frühlingszwiebeln, Olivenöl, abgeriebener Zitronenschale und Lorbeerblatt zum Kochen bringen und zugedeckt 10 Min. kochen. Geschälte, kleingewürfelte Kartoffeln zufügen und in ca. 8 Min. fast weich kochen. Fischstücke und Weißwein zugeben und den Herd auf kleine Stufe schalten. In der leicht kochenden Brühe den Fisch in wenigen Minuten gar ziehen lassen. Mit Zitronensaft, Salz und Pfeffer abschmecken und mit Petersilie bestreut servieren. Als Beilage Weißbrot dazu reichen.

3.2 Apfel-Bananen-Creme

Reguliert Magen-Darm-Funktion, liefert Vitamin C, cholesterinsenkend, entzündungshemmend, harntreibend, fördert Durchblutung.
Anzahl Portionen: 4
Kalorien p. Portion 110
Gramm p. Portion 206,25
Kochdauer ca. 15 Min.
Allergene:
(Kohlehydrat:94,44% / Eiweiß & Fett:5,56%)
100g.≈ Eiweiß 0,84g. Fett:0,51g.
µg. - Ph:3,01 Na:0,49 Ka:38,02 Mg:2,73 Ca:2,25 Fe:0,1 Zn:0,01 Col.:0 Hsr.:3,19

Zutaten:
Apfel (sauer) 400 g. / 400g. (empfehlenswert)
Wasser 200 ml. / 200g. (ja)
Orange Schale 1/4 Stück / 5g. (ja)
Zitrone Schale 1/2 Stück / 2g. (ja)
Zucker braun 2 TL / 6g. (wenig)
Zimtstange 1 Stück / 0g. (ja)
Banane 1 Stück / 150g. (ja)
Acerola Fruchtnektar oder Pulver 1 TL / 2g. (ja)
Orangensaft 1/2 Stück / 50g. (ja)
Zitrone Saft 1 EL / 10g. (ja)

Kochanleitung:
Apfel in feine Spalten schneiden, mit Wasser, Orangen- und Zitronenschale, Zucker und Zimt zum Kochen bringen und ca. 7 Min. köcheln lassen. Die Äpfel sollen fast weich sein. Acerola zufügen und Zimtstange entfernen. Mit dem Mixstab Apfel, Banane, Orangen- und Zitronensaft fein pürieren.

3.3 Aprikosen-Preiselbeer-Eis

Erhöht Widerstandskraft gegen Infektionen, gut bei Mundschleimhautentzündung und Durchfall. Wirkt positiv auf Harnwegsorgane.
Anzahl Portionen: 2
Kalorien p. Portion 107
Gramm p. Portion 222,5
Kochdauer ca. 5 Min.
Allergene:
(Kohlehydrat:90,83% / Eiweiß & Fett:9,17%)
100g.≈ Eiweiß 1,91g. Fett:0,48g.
µg. - Ph:7,98 Na:0,94 Ka:107,17 Mg:4,69 Ca:8,02 Fe:0,03 Zn:0,01 Col.:0 Hsr.:8,57

Zutaten:
Marillen 350 g. / 350g. (ja)
Wasser 50 ml. / 50g. (ja)
Preiselbeere 3 EL / 45g. (empfehlenswert)

Kochanleitung:
Aprikosensaft mit dem Preiselbeersirup vermischen. Den Saft in Schleckeis-Förmchen füllen, ins Tiefkühlfach stellen und in ca. 3 Std. gefrieren lassen.

3.4 Bananen-Sojamilch

Gut bei Appetitlosigkeit, Mundschleimhautentzündung. Stärkt Körperenergie, fördert Verdauung, lindert Schmerzen, entgiftet, bakterizid.

Anzahl Portionen:	2
Kalorien p. Portion	126
Gramm p. Portion	263
Kochdauer ca.	5 Min.
Allergene:	E

(Kohlehydrat:59,53% / Eiweiß & Fett:40,47%)
100g.≈ Eiweiß 7,49g. Fett:4,14g.
µg. - Ph:21,94 Na:251,11 Ka:110,08 Mg:13,31 Ca:9,78 Fe:0,4 Zn:0,11 Col.:0 Hsr.:33,68

Zutaten:
Banane 1 Stück / 120g. (ja)
Sojabohnenmilch 400 ml. / 400g. (ja)
Honig 1 TL / 3g. (ja)
Zimtpulver 1 Prise / 1g. (ja)
Acerola Fruchtnektar oder Pulver 1 TL / 2g. (ja)

Kochanleitung:
Banane in Stücke schneiden, mit Sojamilch, Acerola, Honig und Zimt mit dem Mixstab pürieren.

3.5 Bandnudeln mit Blattspinat

Fördert Verdauung und Durchblutung, stärkt Magen und Darm, verbessert Bauchspeicheldrüsenfunktion. Gut bei Appetitlosigkeit, Blähungen, Darmentzündungen, Fettsucht, Magengeschwüren, Magenkrämpfen, Rheuma, Sodbrennen, Zwölffingerdarmgeschwüren.

Anzahl Portionen: 2
Kalorien p. Portion 723
Gramm p. Portion 317,5
Kochdauer ca. 45 Min.
Allergene: ACG
(Kohlehydrat:59,52% / Eiweiß & Fett:40,48%)
100g.≈ Eiweiß 22,78g. Fett:36,63g.
µg. - Ph:63,29 Na:34,15 Ka:107,6 Mg:22,1 Ca:56,13 Fe:0,98 Zn:0,22 Col.:8,06 Hsr.:39,35

Zutaten:
Spinat 250 g. / 250g. (ja)
Salz 1 Prise / 1g. (wenig)
Nudeln (Weizen, Bandnudeln) mit Ei 200 g. / 200g. (ja)
Olivenöl 1 EL / 15g. (ja)
Zwiebel Frühlingszwiebel 1 Stück / 20g. (ja)
Sahne, süß 30% 100 ml. / 100g. (wenig)
Creme fraîche 1/2 EL / 6g. (ja)
Thymian getrocknet 1/2 TL / 2g. (ja)
Basilikum (frisch) 1/2 TL / 2g. (ja)
Oregano getrocknet 1/2 TL / 2g. (ja)
Muskatnuss 1 Prise / 0,5g. (ja)
Pfeffer gemahlen 1 Prise / 0,5g. ()
Parmesan 20 g. / 20g. (ja)
Pinienkerne 1 EL / 15g. (ja)
Schwarzkümmel 1 Prise / 1g. (ja)

Kochanleitung:
In einem geschlossenen Topf den tropfnassen Spinat mit etwas Salz 3 Min. zusammenfallen und in einem Sieb abtropfen lassen. Danach fein schneiden. Bandnudeln in reichlich Salzwasser bissfest kochen. Öl in einer beschichteten Pfanne erhitzen und in Ringe geschnittene Jungzwiebeln darin weich dünsten. Sahne, Crème fraîche, Thymian, Basilikum, Oregano und Muskat dazugeben. Die Soße unter Rühren etwas einkochen lassen, Spinat untermischen und kurz erhitzen und mit Muskat, Salz und Pfeffer abschmecken. Nudeln abgießen und abtropfen lassen und mit dem Spinat vermischen. Bei Bedarf mit Salz und Pfeffer nachwürzen. Nudeln portionieren und mit Parmesan und Pinienkernen anrichten. Den Schwarzkümmel drüberstreuen.

3.6 Bärlauch-Pesto

Verbessert die Fließeigenschaften des Blutes, hat hohen Vitamin-C-Gehalt, reinigt Magen und Blut, gut bei Arteriosklerose und Bluthochdruck.

Anzahl Portionen: 2
Kalorien p. Portion 796
Gramm p. Portion 165,65
Kochdauer ca. 10 Min.
Allergene: G
(Kohlehydrat:4,31% / Eiweiß & Fett:95,69%)
100g.≈ Eiweiß 14,02g. Fett:82,66g.
µg. - Ph:81,99 Na:64,48 Ka:108,53 Mg:26,4 Ca:78,93 Fe:1,31 Zn:0,29 Col.:1,95 Hsr.:2,53

Zutaten:
Bärlauch (Knoblauchspinat) 125 g. / 125g. (ja)
Parmesan 30 g. / 30g. (ja)
Pinienkerne 50 g. / 50g. (ja)
Olivenöl 125 g. / 125g. (ja)
Salz 1 Prise / 1g. (wenig)
Pfeffer gemahlen 1 Prise / 0,3g. ()

Kochanleitung:
Frischer Bärlauch: Bärlauchblätter waschen, vorsichtig abtrocknen und in feine Streifen schneiden. Getrockneter Bärlauch: ca. 80 g in 40 ml Wasser 10 Min. quellen lassen. Pinienkerne vorsichtig hellbraun anrösten und mit einem großen Messer sehr fein schneiden oder in einer Mühle reiben. Einige der Kerne zum Garnieren aufheben. Alle Zutaten in ein hohes Gefäß geben und mit einem Mixstab zerkleinern und vermischen. Das Pesto in eine Schüssel oder in ein Glas füllen und im Kühlschrank aufbewahren (Tage bis Wochen haltbar). Man kann Bärlauch-Pesto als Soße zu Spaghetti essen; es schmeckt aber auch zu Kartoffeln oder auf Brot sehr gut.

3.7 Bircher Müsli

Ballaststoffreich, verdauungsregulierend, lindert Verstopfung, stärkt Magen und Abwehrkraft, fördert Gewichtsabnahme, gut bei Abwehrschwäche und Appetitlosigkeit.
Anzahl Portionen: 1
Kalorien p. Portion 384
Gramm p. Portion 311
Kochdauer ca. 2 Stunden und Allergene: ....AGH
(Kohlehydrat:69,38% / Eiweiß & Fett:30,62%)
100g.≈ Eiweiß 9,57g. Fett:13,23g.
µg. - Ph:87,92 Na:21,96 Ka:193,37 Mg:28,41 Ca:51,47 Fe:0,78 Zn:0,5 Col.:3,6 Hsr.:26,51

Zutaten:
Müsli 2 EL / 20g. (empfehlenswert)
Hafer Flocken (Vollkorn) 2 EL / 20g. (empfehlenswert)
Joghurt (natur, 3,5 % Fett) 6 EL / 80g. (ja)

Zitrone 1 EL / 10g. (ja)
Acerola Fruchtnektar oder Pulver 1/2 TL / 1g. (ja)
Apfel (sauer) 1 Stück / 170g. (empfehlenswert)
Haselnüsse 1 EL / 10g. (ja)

Kochanleitung:
Haferflocken in Joghurt einrühren und für einige Stunden (oder über Nacht) in den Kühlschrank stellen. Zum Süßen können Rosinen mit dazu gegeben werden. Dann die geriebenen Nüsse, den Zitronensaft, Acerola und geriebenen Apfel untermengen.

3.8 Blattsalat mit Frischkäse

Die Bitterstoffe besitzen eine galle- und harntreibende Wirkung und fördern die Durchblutung im Verdauungstrakt mit deutlicher Verbesserung der gesamten Verdauungsfunktion. Senf verbessert Schilddrüsenfunktion und lindert rheumatische Beschwerden.

Anzahl Portionen:	1
Kalorien p. Portion	802
Gramm p. Portion	260,5
Kochdauer ca.	5 min.
Allergene:	AFM

(Kohlehydrat:20,86% / Eiweiß & Fett:79,14%)
100g.≈ Eiweiß 22,11g. Fett:52,98g.
µg. - Ph:138,56 Na:312,5 Ka:257,23 Mg:28,83 Ca:84,45 Fe:0,54 Zn:0,48 Col.:0,06 Hsr.:14,62

Zutaten:
Blattsalate (bitter) 2 Portionen / 60g. (empfehlenswert)
Frischkäse aus Soja 150 g. / 150g. (ja)
Senf 1 Messerspitze / 1g. (ja)
Zitrone Saft 1 Schuss / 3g. (ja)
Salz 1 Prise / 1g. (wenig)
Pfeffer gemahlen 1 Prise / 0,5g. ()
Kräuter verschiedene 2 TL / 4g. (ja)
Schwarzkümmel 1 Prise / 1g. (ja)
Vollkornbrot 2 Scheiben / 40g. (empfehlenswert)

Kochanleitung:
Blattsalat waschen und klein zupfen. 150 g Frischkäse, etwas Senf, einen Spritzer Zitronensaft, 1 Zehe Knoblauch, gehackte frische Kräuter, eine Prise Pfeffer und zerstoßenen Schwarzkümmel verrühren und über den Salat geben. Dazu Vollkornbrot reichen.

3.9 Bratapfel

Gut bei akuter oder chronischer Verstopfung, erwärmt Magen und Milz, fördert Durchblutung. Gut bei Magenschmerzen, Verdauungsstörungen, Nierenschwäche, Rücken- und Bauchschmerzen, Impotenz, Nierenschwäche.

Anzahl Portionen: 4
Kalorien p. Portion 408
Gramm p. Portion 353,5
Kochdauer ca. 30 Min.
Allergene: GH
(Kohlehydrat:51% / Eiweiß & Fett:49%)
100g.≈ Eiweiß 11,89g. Fett:22,21g.
µg. - Ph:5,08 Na:1,79 Ka:11,92 Mg:1,37 Ca:5,71 Fe:0,03 Zn:0,03 Col.:4,65 Hsr.:0,51

Zutaten:
Apfel (sauer) 4 Stück / 500g. (empfehlenswert)
Haselnüsse 50 g. / 50g. (ja)
Mandeln 50 g. / 50g. (ja)
Zimtpulver 1 Prise / 0,2g. (ja)
Vanillezucker natur 1 Paket / 3g. (ja)
Kuhmilch (Vollmilch 3,5 % Fett) 2 EL / 24g. (ja)
Zucker (Staubzucker) 3 EL / 36g. (wenig)
Zimtpulver 1 Prise / 1g. (ja)

Kochanleitung:
Die Äpfel waschen, einen Deckel abkappen, Kerngehäuse mit einem Teelöffel ausstechen, so dass unten der Apfel dicht bleibt. Nüsse, Mandelstifte, Fruchtzucker, Milch, Vanillezucker und Zimt gut vermengen und die Masse in die Äpfel füllen. Die Deckel wieder aufsetzen. Im vorgeheizten Backofen bei 180 Grad ca. 20 Min. backen. Staubzucker und Zimt mischen, Vanille-Joghurt auf Teller verteilen, jeweils 1 Bratapfel darauf setzen, mit Zimt-Staubzuckermischung bestreuen und sofort heiß servieren!

3.10 Brokkolicrèmesuppe

Gegen Thrombose, fördert Schilddrüsenfunktion, stärkt das Immunsystem, fördert Aufbau und Erhalt von gesunden Knochen, Zähnen, Haaren und Nägeln. Senkt Blutdruck, bakterizid, beugt Krebs vor, reduziert Strahlenverletzungen.

Anzahl Portionen: 6
Kalorien p. Portion 98
Gramm p. Portion 251,25
Kochdauer ca. 30 min.
Allergene: LO

(Kohlehydrat:78,7% / Eiweiß & Fett:21,3%)
100g.≈ Eiweiß 4,18g. Fett:1,91g.
µg. - Ph:6,81 Na:2,68 Ka:26,22 Mg:8,36 Ca:32,5 Fe:0,16 Zn:0,01 Col.:0 Hsr.:2,7

Zutaten:
Olivenöl 2-3 EL / 7g. (ja)
Brokkoli 500 g. / 500g. (empfehlenswert)
Karotte (Mohrrübe, Möhre) 2 Stück / 150g. (empfehlenswert)
Kartoffel 2 Stück / 120g. (ja)
Zwiebel weiss 1 Stück / 50g. (ja)
Wasser 1 Tasse / 50g. (ja)
Grundrezept für eine Gemüsebrühe nahrhaft 1/2 Liter / 500g. (ja)
Weißwein 1/8 Liter / 125g. (wenig)
Salbei 1 TL / 2g. (ja)
Rosmarin 1 TL / 2g. (ja)
Pfeffer gemahlen 1 Prise / 0,5g. ()
Salz 1 Prise / 1g. (wenig)

Kochanleitung:
Olivenöl in die Pfanne geben, den gewaschenen und in Stücke geschnittenen Brokkoli, gewürfelte Karotten und Kartoffeln zugeben, kurz andünsten, klein geschnittene Zwiebel zufügen und alles mindestens drei fingerbreit mit Wasser auffüllen. Mit Brühe und ganz wenig Weißwein aufgießen und mit Salz, geschnittenem Salbei und Rosmarin würzen, aufkochen lassen und auf kleinem Feuer ca. 25 Min. köcheln lassen. Mit Pfeffer und evtl. noch mal Meersalz würzen und alles pürieren.

3.11 Brokkoli-Parmesan-Aufstrich auf Toastbrot

Fördert Blutgerinnung, Schilddrüsenfunktion und Eigenaufbau von Vitamin B12. Immun- und abwehrsteigernd, löst Stagnation. Gut bei Aufstoßen, Diabetes, akuter oder chronischer Verstopfung, Appetitlosigkeit.

Anzahl Portionen:	2
Kalorien p. Portion	148
Gramm p. Portion	170,5
Kochdauer ca.	15 Min.
Allergene:	AG

(Kohlehydrat:29% / Eiweiß & Fett:71%)
100g.≈ Eiweiß 12,1g. Fett:11,33g.
µg. - Ph:34,79 Na:27,37 Ka:60,2 Mg:5,76 Ca:40,04 Fe:0,24 Zn:0,19 Col.:1,88 Hsr.:6,09

Zutaten:
Brokkoli 200 g / 200g. (empfehlenswert)
Topfen (Quark) 20% 80 g. / 80g. (empfehlenswert)
Joghurt (natur, 1,5 % Fett) 1 EL / 10g. (empfehlenswert)
Parmesan 2 EL / 15g. (ja)
Zitrone Schale 1/2 TL / 1g. (ja)
Basilikum (frisch) 1 EL / 5g. (ja)
Lauchzwiebel Schnittlauch 1 EL / 5g. (ja)
Salz 1 Prise / 1g. (wenig)
Pfeffer gemahlen 1 Prise / 0,3g. ()
Toastbrot (Vollkorn) 6 Scheiben / 24g. (ja)

Kochanleitung:
Brokkoli zugedeckt in einem Siebeinsatz über Wasserdampf in 8 Min. bissfest garen und fein hacken. Quark, Joghurt, Parmesan und Zitronenschale gut verrühren und mit dem Brokkoli, Basilikum und Schnittlauch vermischen. Den Aufstrich mit Salz und Pfeffer abschmecken und auf dem knusprig getoasteten Brot servieren.

3.12 Champignonreis

Stärkt Nieren, ist harntreibend, erwärmt den Körper von innen, erweitert die Gefäße, stärkt die Muskeln, fördert die Verdauung, kuriert Bluthochdruck, löst Stagnation, fördert Gewichtsabnahme. Gut bei Abwehrschwäche und Appetitlosigkeit.

Anzahl Portionen:	2
Kalorien p. Portion	410
Gramm p. Portion	341
Kochdauer ca.	30 Min.
Allergene:	L

(Kohlehydrat:89% / Eiweiß & Fett:11%)
100g.≈ Eiweiß 10,01g. Fett:3,44g.
µg. - Ph:30,31 Na:3,54 Ka:32,26 Mg:27,24 Ca:62,74 Fe:0,37 Zn:0,16 Col.:0 Hsr.:12,22

Zutaten:
Zwiebel weiss 1 Stück / 50g. (ja)
Lorbeerblatt 2 Stück / 1g. (ja)
Nelke 2 Stück / 1g. (ja)
Grundrezept für eine Gemüsebrühe nahrhaft 400 g. / 350g. (ja)
Reis Vollkorn 200 g / 200g. (empfehlenswert)
Champignon 60 g. / 60g. (ja)
Petersilie 20 g. / 20g. (ja)
Pfeffer gemahlen 1 Prise / 0,2g. ()

Kochanleitung:
Die Nelken in die Zwiebel stecken, die Gemüsebrühe mit der Zwiebel und den Lorbeerblättern zum Kochen bringen und den Reis in die kochende Flüssigkeit geben. Temperatur auf die kleinste Stufe zurückschalten und mit geschlossenem Deckel 20-25 Min. garziehen lassen. In der Zwischenzeit die Champignons putzen, in Scheiben schneiden, mit wenig Wasser kurz andünsten oder anbraten. Die Petersilie waschen und fein hacken. Aus dem fertigen Reis die Zwiebel herausnehmen, die Champignons und die Petersilie hinzugeben und mit Pfeffer und Salz abschmecken.

3.13 Couscous-Salat

Bakterizid, beugt Krebs vor, stärkt Magensaftproduktion, fördert Verdauung, regt Leberfunktion an, senkt Blutdruck, stärkt Immunsystem, reduziert Strahlenverletzungen, harntreibend.

Anzahl Portionen:	3
Kalorien p. Portion	338
Gramm p. Portion	285,67
Kochdauer ca.	25 Min.
Allergene:	A

(Kohlehydrat:75,44% / Eiweiß & Fett:24,56%)
100g.≈ Eiweiß 12,22g. Fett:7,11g.
µg. - Ph:15,3 Na:17,27 Ka:83,68 Mg:6,5 Ca:21,3 Fe:0,46 Zn:0,07 Col.:0 Hsr.:13,69

Zutaten:
Wasser 250 ml. / 100g. (ja)
Olivenöl 1 EL / 15g. (ja)
Couscous 200 g / 200g. (ja)
Zitrone Saft 3 EL / 30g. (ja)
Zitrone Schale 1 TL / 2g. (ja)
Tomate 2 Stück / 80g. (empfehlenswert)
Gurke 100 g. / 100g. (empfehlenswert)
Karotte (Mohrrübe, Möhre) 100 g. / 100g. (empfehlenswert)
Petersilie 1 Bund / 100g. (ja)
Lauchzwiebel Schnittlauch 1 Bund / 100g. (ja)
Pfefferminze 3 Äste / 30g. (ja)

Kochanleitung:
In einem kleinen Topf 250 ml Wasser mit Salz und 1 EL Olivenöl zum Kochen bringen. Couscous einrühren, vom Herd nehmen und zugedeckt 5 Min. quellen lassen. Couscous zurück auf den Herd stellen und bei milder Hitze weitere ca. 2 Min. unter ständigem leichten Rühren ziehen lassen. Eventuell noch 1-3 EL heißes Wasser untermischen. Couscous mit Zitronensaft,

kleingehackter Zitronenschale und 1 EL Öl vermischen, mit Salz und Pfeffer abschmecken und etwas durchziehen lassen. Couscous mit gewürfelten Tomaten und Gurken, geriebenen Karotten, Petersilie, Schnittlauch und Minze (fein gehackt) vermischen. Couscous-Salat mit Zitronensaft, Salz und Pfeffer abschmecken.

3.14 Curryreis mit Rosinen und Nüssen

Stoppt Durchfall, fördert Verdauung, regt Appetit an, harmonisiert Magen, fördert Durchblutung, verbessert Medikamentenwirkung, entschlackt die Haut, regt Nerven an, befreit Atmung, erhöht Körpertemperatur, schweißtreibend.

Anzahl Portionen: 4
Kalorien p. Portion 275
Gramm p. Portion 291
Kochdauer ca. 30 min.
Allergene: HO
(Kohlehydrat:76,19% / Eiweiß & Fett:23,81%)
100g.≈ Eiweiß 3,78g. Fett:8,88g.
µg. - Ph:12,77 Na:2,26 Ka:25,36 Mg:5,82 Ca:3,11 Fe:0,14 Zn:0,02 Col.:0 Hsr.:4,85

Zutaten:
Sonnenblumenöl 1 EL / 15g. (ja)
Zwiebel weiss 1 Stück / 50g. (ja)
Curry 1/2 TL / 2g. (ja)
Reis Wilder (Naturreis) 1 Tasse / 120g. (empfehlenswert)
Salz 1 Prise / 1g. (wenig)
Weißwein 1/8 Liter / 125g. (wenig)
Zitrone alternativ für Weißwein / g. (ja)
Paprika (Rosenpaprikapulver) 1 Prise / 1g. (ja)
Apfel (süß) 2 Stück / 300g. (empfehlenswert)
Rosinen 2 EL / 25g. (ja)
Walnüsse 2 EL / 25g. (empfehlenswert)
Wasser 6 Tassen / 500g. (ja)

Kochanleitung:
Öl in einem Topf erhitzen und kleingeschnittene Zwiebeln darin glasig dünsten. Curry dazugeben und kurz aufschäumen lassen. Dann rohen Reis einige Minuten bei schwacher Hitze unter ständigem Rühren darin anbraten. Salz, einen Schuss Weißwein oder Zitronensaft, Rosenpaprika, süße Äpfel (kleingeschnitten), Rosinen und gehackte, geröstete Nüsse zufügen. Mit heißem Wasser übergießen, bis alles gut bedeckt ist und köcheln lassen, bis der Reis gar ist. Dazu passt: Karotten-Fenchel-Gemüse, Hülsenfrüchte mit gekochtem Gemüse, geschnetzeltes Geflügel mit Ingwer und Pilzen.

3.15 Dinkel mit Obst und Nüssen

Regt Appetit an, stoppt Durchfall, fördert Verdauung, lindert Müdigkeit, schützt vor Tumorleiden und Leukämie, wirkt förderlich bei Lebensmittelallergien, ist stoffwechselregulierend, senkt Blutzucker und Cholesterin, entzündungshemmend im Magen-Darm-Trakt.

Anzahl Portionen: 3
Kalorien p. Portion 289
Gramm p. Portion 286,33
Kochdauer ca. 1 1/2 Stunden
Allergene: AH
(Kohlehydrat:76% / Eiweiß & Fett:24%)
100g.≈ Eiweiß 8,64g. Fett:6,67g.
µg. - Ph:9,7 Na:8,81 Ka:25,53 Mg:3,53 Ca:2,83 Fe:0,14 Zn:0,02 Col.:0 Hsr.:2,96

Zutaten:
Dinkel 1 Tasse / 120g. (ja)
Wasser 1 Tasse / 50g. (ja)
Apfel (süß) 1 Stück / 220g. (empfehlenswert)
Aprikose 1 Stück / 200g. (ja)
Pfirsich 1 Stück / 120g. (empfehlenswert)
Zimtpulver 1 Prise / 1g. (ja)
Kardamom 1 Prise / 1g. (ja)
Salz 1 Prise / 1g. (wenig)
Erdbeere 1 Tasse / 120g. (empfehlenswert)
Mandelmus 1 EL / 15g. (ja)
Kakao 1 Prise / 1g. (ja)
Walnüsse 1 EL / 10g. (empfehlenswert)

Kochanleitung:
Dinkel in heißem Wasser aufsetzen und gar kochen. Danach: Süßes, kleingeschnittenes Obst (Äpfel, Aprikosen, Pfirsiche) in wenig heißem Wasser mit etwas Zimt kurz andünsten. Gemahlenen Kardamom und/oder Koriander, eine kleine Prise Salz, den gekochten Dinkel und evtl. Erdbeeren (nach Jahreszeit) dazugeben und erhitzen. Mit Kakao und gerösteten Nüssen überstreuen.

3.16 Ente mit Mungbohnen

Stärkt Blut, Magen, Milz, Leber und Immunsystem, senkt Blutdruck, ist harntreibend und bakterizid, beugt Krebs vor, reduziert Strahlenverletzungen, löst Stagnation.

Anzahl Portionen: 5
Kalorien p. Portion 747
Gramm p. Portion 354,3
Kochdauer ca. 2 Stunden

Allergene: E
(Kohlehydrat:19,51% / Eiweiß & Fett:80,49%)
100g.≈ Eiweiß 56,76g. Fett:46,02g.
µg. - Ph:40,1 Na:8,17 Ka:39,36 Mg:10,47 Ca:7,18 Fe:0,4 Zn:0,05 Col.:2,15 Hsr.:34,55

Zutaten:
Ente (Frühmastente, schlachtfrisch) 1/2 Stück / 1250g. (ja)
Zwiebel weiss 2 Stück / 120g. (ja)
Karotte (Mohrrübe, Möhre) 1 Stück / 120g. (empfehlenswert)
Knoblauch 1 Zehe / 3g. (ja)
Mungbohne 250 g. / 250g. (ja)
Pfeffer Körner 3 Stück / 2g. (ja)
Honig 1 TL / 3g. (ja)
Sojasauce 1 TL / 3g. (ja)
Zitrone Saft 1 TL / 3g. (ja)
Salz 1 Prise / 1g. (wenig)
Pfeffer gemahlen 1 Prise / 0,5g. ()
Olivenöl 1 EL / 10g. (ja)
Lorbeerblatt 2 Blätter / 2g. (ja)
Schwarzkümmel 1 Prise / 1g. (ja)
Bohnenkraut 1 TL / 2g. (empfehlenswert)

Kochanleitung:
Mungbohnen am Vortag einweichen. Die Ente kalt abspülen, das Gemüse waschen, putzen und in grobe Stücke schneiden. Das Fleisch und das Gemüse in einen Topf geben und knapp mit Wasser bedecken. Lorbeerblätter, Bohnenkraut, Beifuß und Pfefferkörner zugeben, bei mittlerer Hitze aufkochen und weitere 45 Min. kochen lassen. Ab und zu abschäumen. Die Ente aus dem Fond nehmen, erkalten lassen und über Nacht kühl aufbewahren. Die gehackten Zwiebel in einem Topf in Olivenöl anschwitzen und mit 250 ml Fond aufgießen. Das vorgekochte Gemüse und die Mungbohnen zugeben und mit Honig, Sojasoße, Zitronensaft, Salz, zerstoßenem Schwarzkümmel und Pfeffer abschmecken. Mit Reis oder Kartoffeln servieren.

3.17 Erfrischende Gurkensuppe mit Kartoffeln

Harntreibend, entgiftend, unterdrückt Umwandlung von Zucker in Fett, senkt Cholesterinspiegel, beugt Krebs vor, lindert Entzündungen, verbessert Verdauung, fördert Durchblutung, fördert Appetit.
Anzahl Portionen: 3
Kalorien p. Portion 148
Gramm p. Portion 307,33
Kochdauer ca. 15 Min
Allergene: GN

(Kohlehydrat:70% / Eiweiß & Fett:30%)
100g.≈ Eiweiß 3,93g. Fett:5,09g.
µg. - Ph:3,72 Na:0,77 Ka:23,54 Mg:1,43 Ca:2 Fe:0,05 Zn:0,02 Col.:0 Hsr.:1,19

Zutaten:
Sesamöl 1 EL / 10g. (empfehlenswert)
Kartoffel 4 Stück / 300g. (ja)
Zwiebel Frühlingszwiebel 3 Stück / 60g. (ja)
Pfeffer gemahlen 1 Prise / 0,5g. ()
Muskatnuss 1 Prise / 1g. (ja)
Salz 1 Prise / 1g. (wenig)
Zitrone 1/2 Stück / 25g. (ja)
Gurke 2 Stück / 500g. (empfehlenswert)
Sahne, süß 30% 1 EL / 10g. (wenig)
Dill 1 EL / 15g. (ja)

Kochanleitung:
Kleingeschnittene Kartoffeln und reichlich Frühlingszwiebeln in Sesamöl anbraten und mit Pfeffer, etwas Muskat, Salz und Zitronensaft würzen. Heißes Wasser und gewürfelte Salatgurke dazugeben, ca. 10 Min. dünsten und danach pürieren. Etwas süße Sahne nach Belieben und frischen Dill zufügen. Variante: Etwas Chili, Oregano, Thymian oder Rosmarin dazugeben, um die abkühlende Wirkung zu mildern.

3.18 Exotisches Linsengericht

Stärkt Herz und Nieren, harntreibend, beruhigt den Magen, fördert Verdauung, löst Stagnation, hilft Fett zu verdauen, senkt Blutdruck, entgiftet, stimuliert das Immunsystem.

Anzahl Portionen:	4
Kalorien p. Portion	144
Gramm p. Portion	273,38
Kochdauer ca.	45 Min.
Allergene:	NO

(Kohlehydrat:71,01% / Eiweiß & Fett:28,99%)
100g.≈ Eiweiß 5,83g. Fett:3,46g.
µg. - Ph:13,56 Na:11,59 Ka:48,35 Mg:8,52 Ca:8,91 Fe:0,27 Zn:0,02 Col.:0 Hsr.:13,4

Zutaten:
Sesamöl 1 EL / 10g. (empfehlenswert)
Zwiebel weiss 2 Stück / 120g. (ja)
Ingwer frisch 1/2 TL / 2g. (ja)
Thymian getrocknet 1/2 TL / 1g. (ja)
Cumin (Kreuzkümmel) 1/2 TL / 2g. (ja)
Linsen rot 1 Tasse / 120g. (ja)

Wakame 3 cm / 1g. (ja)
Zitrone 1/2 Stück / 20g. (ja)
Bocksdornfrüchte (Fructus Lycii) getrocknet 2 Prisen / 2g. (ja)
Zucker Ursüße (Zuckerrohr) süß 1 Prise / 1g. (wenig)
Chili (Schote oder gemahlen) 1 Prise / 0,5g. (ja)
Salz 1 Prise / 1g. (wenig)
Essig (Apfelessig) 1/2 TL / 1g. (ja)
Tomate 1 Stück / 50g. (empfehlenswert)
Mangold 200 g / 200g. (ja)
Blumenkohl (Karfiol) 200 g / 200g. (empfehlenswert)
Salz 1 Prise / 1g. (wenig)
Reis Vollkorn 1/2 Tasse / 60g. (empfehlenswert)
Wasser 3 Tassen / 300g. (ja)
Salz 1 Prise / 1g. (wenig)

Kochanleitung:
Sesamöl in einem Topf erhitzen. Kleingeschnittene Zwiebeln, geriebenen Ingwer, getrockneten Thymian und reichlich Cumin zugeben und leicht anbraten. Geschälte rote Linsen, einen Streifen Wakame, etwas Zitronensaft, heißes Wasser und etwas getrocknete Bocksdornfrüchte dazugeben. 20 Min. köcheln lassen, bis die Linsen gar sind. Heißes Wasser nach Belieben nachgießen, so dass ein Brei entsteht. Vollrohrzucker, etwas Chili und Salz zufügen und mit Essig oder Zitronensaft abschmecken. Kleingeschnittene Tomate dazugeben und einige Minuten durchziehen lassen. Den Blumenkohl in einem kleinen Topf mit 1 Tasse Wasser und etwas Salz 10 Min. weich kochen. Den Mangold in einem kleinen Topf mit 1 Tasse Wasser und Salz 3 Min. blanchieren. Reis kurz aufkochen, salzen und 10 Min. ziehen lassen. Alles zusammen mit dem Linsengericht anrichten.

3.19 Fein gewürzte Zucchini mit Tomaten

Harntreibend, fördert Verdauung, hilft Fett zu verdauen, senkt Blutdruck, löst Stagnation, antioxidativ, erwärmt den Körper von innen, erweitert die Gefäße.

Anzahl Portionen:	4
Kalorien p. Portion	203
Gramm p. Portion	396,5
Kochdauer ca.	10 Min.

Allergene:
(Kohlehydrat:71,84% / Eiweiß & Fett:28,16%)
100g.≈ Eiweiß 5,39g. Fett:6,62g.
µg. - Ph:10,4 Na:0,79 Ka:35,33 Mg:6,3 Ca:5,58 Fe:0,26 Zn:0,02 Col.:0 Hsr.:5,53

Zutaten:
Olivenöl 1 EL / 20g. (ja)
Zwiebel weiss 2 Stück / 120g. (ja)
Zucchini 4 Stück / 800g. (empfehlenswert)
Oregano getrocknet 1 Prise / 1g. (ja)
Basilikum (frisch) 6-8 Blatt / 3g. (ja)
Salz 1 Prise / 1g. (wenig)
Tomate 2 Stück / 120g. (empfehlenswert)
Reis Vollkorn 1 Tasse / 120g. (empfehlenswert)
Wasser 6 Tassen / 400g. (ja)
Salz 1 Prise / 1g. (wenig)

Kochanleitung:
Fein geschnittene Zwiebeln und klein geschnittene Zucchini in Olivenöl in einer Pfanne anbraten, bis sie halb gar sind und reichlich getrockneten Oregano dazugeben. Salzen und klein geschnittene Tomaten einige Minuten mitdünsten, bis die Zucchini gar, aber noch knackig sind. Mit frischem Basilikum anrichten. Variante: Über die Tomaten etwas Schafskäse geben und mit geschlossenem Deckel zu Ende garen. Den Reis im gesalzenen Wasser aufsetzen, aufkochen lassen und bei kleiner Hitze ca. 15 Min. quellen lassen.

3.20 Feiner russischer Borschtsch

Stärkt Milz, Magen und Herz, unterstützt die Blutzirkulation, regt Verdauung an, senkt Blutdruck, stärkt Immunsystem. Zur Kräftigung nach Krankheiten, gegen Blähungen, krampflösend bei Magen-Darm-Beschwerden.

Anzahl Portionen:	6
Kalorien p. Portion	171
Gramm p. Portion	368,33
Kochdauer ca.	30 Min
Allergene:	AGLO

(Kohlehydrat:81% / Eiweiß & Fett:19%)
100g.≈ Eiweiß 6,07g. Fett:3,32g.
µg. - Ph:1,04 Na:1,82 Ka:4,72 Mg:1,22 Ca:4,74 Fe:0,02 Zn:0 Col.:0,01 Hsr.:0,78

Zutaten:
Rote Rübe 200 g. / 200g. (empfehlenswert)
Sonnenblumenöl 1 EL / 10g. (ja)
Zwiebel Schalotte 2 Stück / 40g. (ja)
Karotte (Mohrrübe, Möhre) 2 Stück / 140g. (empfehlenswert)
Sellerie Knolle 1 Stück / 500g. (empfehlenswert)
Petersilienwurzel 1 Stück / 150g. (ja)
Lauch (Porree) 5 dag. / 50g. (ja)

Grundrezept für eine Gemüsebrühe nahrhaft 3/4 Liter / 650g. (ja)
Lorbeerblatt 1 Blatt / 0,2g. (ja)
Wacholderbeere 2 Stück / 2g. (empfehlenswert)
Muskatnuss 1 Prise / 1g. (ja)
Wirsing/Grünkohl 200 g. / 200g. (empfehlenswert)
Salz 1 Prise / 1g. (wenig)
Pfeffer gemahlen 1 Prise / 0,5g. ()
Kümmel 1 Prise / 1g. (ja)
Rotwein 1/8 Liter / 125g. (wenig)
Sauerrahm 15% Fett 1 EL / 10g. (ja)
Dill 1 TL / 10g. (ja)
Weißbrot (Weizenbrot) 6 Scheiben / 120g. (wenig)

Kochanleitung:
Die Rote Bete in Öl andünsten. In einem anderen Topf Zwiebeln, Karotten, Sellerie, Petersilienwurzel und Lauch gut anbraten. Mit der Brühe und dem Wein aufgießen und dann Lorbeer, Wacholderbeeren und Muskat zugeben und 15 Min. köcheln lassen. Lorbeer entfernen und alles pürieren. Etwas Brühe separat erhitzen und die angedünstete Rote Bete darin weich köcheln. Nach der halben Garzeit Wirsing oder Weißkohl zugeben und leicht ziehen lassen. Am Ende das pürierte Gemüse zugeben und alles mit Salz, Pfeffer, gemahlenem Kümmel und eventuell etwas Rotwein abschmecken. Im Teller mit etwas Sauerrahm und fein gehacktem Dill garnieren. Mit je einer Scheibe Weißbrot servieren.

3.21 Fenchel mit gerösteten Walnüssen

Stärkt Magen, entgiftet, lindert Entzündungen, verbessert Durchblutung, verbessert Medikamentenwirkung, regt Appetit an, antioxidativ, fördert Verdauung, regt an, löst Stagnation.

Anzahl Portionen: 4
Kalorien p. Portion 342
Gramm p. Portion 336,25
Kochdauer ca. 20 Min.
Allergene: HO
(Kohlehydrat:54,13% / Eiweiß & Fett:45,87%)
100g.≈ Eiweiß 8,8g. Fett:16,38g.
µg. - Ph:12,18 Na:13,51 Ka:80,99 Mg:8,92 Ca:17,54 Fe:0,45 Zn:0,02 Col.:0 Hsr.:3,52

Zutaten:
Fenchel 4 Stück / 800g. (empfehlenswert)
Muskatnuss 1 Prise / 1g. (ja)
Ingwer frisch 1/2 TL / 1g. (ja)
Salz 1 Prise / 1g. (wenig)

Weißwein 1/8 Liter / 125g. (wenig)
Paprika (Rosenpaprikapulver) 1 Prise / 1g. (ja)
Olivenöl 2 EL / 40g. (ja)
Walnüsse 2 EL / 35g. (empfehlenswert)
Wasser 2 Tassen / 220g. (ja)
Mais Gries (Polenta) 1 Tasse / 120g. (ja)
Salz 1 Prise / 1g. (wenig)

Kochanleitung:
Ganz wenig Wasser in einem Topf erhitzen. In Streifen geschnittenen Fenchel kurz darin andünsten. Muskat, etwas geriebenen Ingwer, Salz, einen Schuss Weißwein und Rosenpaprika zugeben und solange dünsten, bis das Gemüse gar, aber noch knackig ist. Etwas Olivenöl unterrühren und mit gerösteten Walnüssen bestreuen. Die Polenta in einen Topf mit heißem Wasser unter ständigem Rühren einrieseln lassen, bis die Polenta die gewünschte Konsistenz hat und dann salzen. Die Polenta vom Herd nehmen und ca. 10 Min. quellen lassen.

3.22 Fenchel-Reissuppe

Stärkt Magen, lindert Verstopfung, regt Nerven an, entgiftet, lindert Entzündungen, verbessert Durchblutung.

Anzahl Portionen:	2
Kalorien p. Portion	156
Gramm p. Portion	234
Kochdauer ca.	15-20 Min.
Allergene:	EG

(Kohlehydrat:88,32% / Eiweiß & Fett:11,68%)
100g.≈ Eiweiß 3,57g. Fett:6,65g.
µg. - Ph:14,68 Na:32,47 Ka:82,14 Mg:105,79 Ca:110,69 Fe:0,54 Zn:0,06 Col.:1,92 Hsr.:4,9

Zutaten:
Grundrezept für eine Reissuppe (Congee) 300 ml. / 300g. (ja)
Fenchel 1/2 Stück / 150g. (empfehlenswert)
Butter Bio 1 EL / 15g. (ja)
Sojasauce 1 Schuss / 3g. (ja)

Kochanleitung:
Fenchel in der Reissuppe (nach Grundrezept) weich kochen. Vor dem Servieren ein Stück Butter und etwas Sojasoße zugeben.

3.23 Frühlingssalat

Blutbildend, blutreinigend, harntreibend, entgiftend. Senkt Blutdruck, lindert Entzündungen. Gut bei Magenbeschwerden, Verdauungsschwäche, Verstopfung, Durchfall. Hilft Fett zu verdauen.

Anzahl Portionen: 4
Kalorien p. Portion 162
Gramm p. Portion 210,25
Kochdauer ca. 10 Min.
Allergene: AEMN
(Kohlehydrat:67% / Eiweiß & Fett:33%)
100g.≈ Eiweiß 7,68g. Fett:3,57g.
µg. - Ph:3,64 Na:5,07 Ka:20,01 Mg:1,77 Ca:5,24 Fe:0,18 Zn:0,03 Col.:0 Hsr.:2

Zutaten:

Sauerampfer 150 g. / 150g. (ja)
Löwenzahn (junger) 100 g. / 100g. (ja)
Mungbohnensprossen 75 g. / 75g. (ja)
Kresse 100 g. / 100g. (ja)
Lauchzwiebel Schnittlauch 1 Bund / 50g. (ja)
Tomate 2 Stück / 100g. (empfehlenswert)
Petersilie 1 Bund / 50g. (ja)
Sesam Paste (Tahini) 2 EL / 16g. (ja)
Sojasauce 1 Schuss / 3g. (ja)
Senf 1/2 TL / 2g. (ja)
Weißbrot (Weizenbrot) 6 Scheiben / 120g. (wenig)

Kochanleitung:

Alle Salatzutaten waschen, mischen und die Soße folgendermaßen zubereiten: Tahin mit Senf, Balsamico-Essig, Tamari, Olivenöl, Schnittlauch und der Hälfte der Petersilie mischen. Die Soße über den Salat gießen und unmittelbar vor dem Servieren die restliche Petersilie drüberstreuen. Mit dem Weißbrot servieren.

3.24 Frühstück - Reis mit Früchten

Gut bei Durchblutungsstörungen, Thrombose, Emboliegefahr, Bluthochdruck, Kopfschmerzen, nach Herzinfarkt und Schlaganfall zu empfehlen, fördert Verdauung, lindert Entzündungen.

Anzahl Portionen: 3
Kalorien p. Portion 230
Gramm p. Portion 282
Kochdauer ca. 10 min. - 3 Stunden
Allergene: GHO
(Kohlehydrat:90% / Eiweiß & Fett:10%)
100g.≈ Eiweiß 3,59g. Fett:7,61g.
µg. - Ph:3,19 Na:0,7 Ka:8,57 Mg:20,72 Ca:21,22 Fe:0,05 Zn:0,02 Col.:0,54 Hsr.:0,92

Zutaten:
Grundrezept für eine Reissuppe (Congee) 6 Tassen / 500g. (ja)
Kuhmilch (Vollmilch 3,5 % Fett) 1/2 bis 1 Tasse / 80g. (ja)
Honig 1 EL / 10g. (ja)
Butter Bio 1 EL / 15g. (ja)
Datteln getrocknet 1 EL / 15g. (ja)
Feige 1 EL / 15g. (ja)
Apfel (sauer) 1 Stück / 200g. (empfehlenswert)
Haselnüsse 1/2 EL / 5g. (ja)
Mandeln 1/2 EL / 5g. (ja)
Zimtpulver 1 Prise / 1g. (ja)

Kochanleitung:
Reis-Congee nach Grundrezept kochen oder vorgekocht verwenden. Mit der Milch flüssiger machen und mit Honig süßen. Früchte und Nüsse in Butter anbraten und mit der fertigen Reissuppe vermischen. Datteln, Feigen und den Apfel kleingeschnitten zufügen.

3.25 Frühstück mit Käse

Körperschwäche, Magendruck, Aufstoßen, Diabetes, akute oder chronische Verstopfung des Darmes, Hautprobleme. Kaffee wirkt harntreibend, regt Appetit an, entgiftet, erhöht Blutzucker, harmonisiert Herz-Rhythmus.

Anzahl Portionen:	1
Kalorien p. Portion	512
Gramm p. Portion	324
Kochdauer ca.	10 Min.
Allergene:	AGO

(Kohlehydrat:47,95% / Eiweiß & Fett:52,05%)
100g.≈ Eiweiß 21,38g. Fett:30,96g.
µg. - Ph:145,95 Na:235,6 Ka:118,65 Mg:23,16 Ca:98,48 Fe:0,91 Zn:1,2 Col.:7,47 Hsr.:21,31

Zutaten:
Wasser 1 Tasse / 120g. (ja)
Kaffee 2 TL / 4g. (ja)
Vollkornbrot 2 Scheiben / 100g. (empfehlenswert)
Margarine 10 g. / 10g. (ja)
Edamer 30 g. / 30g. (ja)
Erdbeermarmelade 20 g. / 20g. (ja)
Topfen (Quark) 20% 40 g. / 40g. (empfehlenswert)

Kochanleitung:
Kaffee wie gewohnt zubereiten. Zucker vermeiden oder Süßstoff verwenden. Bestreichen Sie die Brote mit Margarine und geben Sie den Käse und die Marmelade zur Auswahl auf den Frühstückstisch. Dekorativ anrichten erhöht den Appetit.

3.26 Gekochter Selleriesalat mit exotischen Gewürzen

Stärkt Magen, bindet Wasser im Darm, antibakteriell, blutbildend, blutreinigend, entzündungshemmend, harntreibend, fördert Durchblutung.

Anzahl Portionen:	4
Kalorien p. Portion	165
Gramm p. Portion	341,12
Kochdauer ca.	30 Min.
Allergene:	GLMNO

(Kohlehydrat:47,77% / Eiweiß & Fett:52,23%)
100g.≈ Eiweiß 5,56g. Fett:9,14g.
µg. - Ph:13,51 Na:24,66 Ka:69,44 Mg:3,02 Ca:20,16 Fe:0,1 Zn:0,01 Col.:0,2 Hsr.:12,08

Zutaten:
Sellerie Knolle 1 1/2 Stück / 900g. (empfehlenswert)
Joghurt (natur, 3,5 % Fett) 1 Becher / 250g. (ja)
Sauerrahm 15% Fett 2 EL / 20g. (ja)
Kurkuma (Gelbwurz) 1 Prise / 1g. (ja)
Sesamöl 1 EL / 20g. (empfehlenswert)
Pfeffer gemahlen 1 Prise / 0,5g. ()
Zitronengras 1 Prise / 1g. (ja)
Zwiebel weiss 1/2 Stück / 25g. (ja)
Senf 1/2 TL / 1g. (ja)
Schwarzkümmel 1 Prise / 1g. (ja)
Salz 1 Prise / 1g. (wenig)
Zitrone Saft 1 Stück / 40g. (ja)
Apfel (sauer) 1/2 Stück / 100g. (empfehlenswert)
Paprika (Rosenpaprikapulver) 1 Prise / 1g. (ja)
Essig (Apfelessig) 1 Schuss / 3g. (ja)

Kochanleitung:
Den Sellerie waschen, schälen und in dicke Scheiben schneiden. In heißem Wasser gar kochen und in längliche, mundgerechte Streifen schneiden. Dressing: Etwas Joghurt, Sauerrahm, Kurkuma, Sesamöl, Pfeffer, Zitronengraspulver, fein geschnittene Zwiebel, etwas Senf, Salz, zerstoßenen Schwarzkümmel, etwas kaltes Wasser, Zitronensaft oder Essig gut vermengen. Den halben säuerlichen Apfel kleingeschnitten, etwas Rosenpaprika und den lauwarmen Sellerie

dazugeben und gut vermischen. 2-3 Std. oder über Nacht ziehen lassen. Ideal als Ersatz für Rohkost, auf die man wegen Verdauungsschwäche verzichten möchte.

3.27 Gelbe Linsensuppe

Stärkt Milz, Herz und Nieren, harntreibend, beruhigt den Magen, fördert Verdauung, stärkt Immunsystem, beugt Krebs vor, reduziert Strahlenverletzungen, regt Leberfunktion an, antioxidativ.

Anzahl Portionen:	7
Kalorien p. Portion	155
Gramm p. Portion	324
Kochdauer ca.	20 min.
Allergene:	A

(Kohlehydrat:73% / Eiweiß & Fett:27%)
100g.≈ Eiweiß 7,59g. Fett:1,91g.
µg. - Ph:0,84 Na:1,47 Ka:3,19 Mg:0,35 Ca:0,64 Fe:0,02 Zn:0,01 Col.:0 Hsr.:1,11

Zutaten:
Linsen gelb 1/2 Kg. / 500g. (ja)
Karotte (Mohrrübe, Möhre) 2 Stück / 150g. (empfehlenswert)
Kohlrabi 1 Stück / 300g. (empfehlenswert)
Zwiebel weiss 1 Stück / 50g. (ja)
Petersilie 1/2 Bund / 100g. (ja)
Kurkuma (Gelbwurz) 1 Prise / 1g. (ja)
Kardamom 1 Prise / 1g. (ja)
Salz 1 Prise / 1g. (wenig)
Olivenöl 1 EL / 10g. (ja)
Wasser 1 Liter / 1000g. (ja)
Zitrone Saft 1/2 Stück / 15g. (ja)
Weißbrot (Weizenbrot) 7 Scheiben / 140g. (wenig)

Kochanleitung:
Linsen gründlich in einem Sieb waschen. In einem Topf Öl erhitzen, fein geschnittene Zwiebel, in Scheiben geschnittene Karotten, in Würfel geschnittenen Kohlrabi und Gewürze kurz darin anbraten und salzen. Linsen dazugeben und mit Wasser bedeckt 20 Min. köcheln lassen. Nach Bedarf mit Wasser ergänzen und mit Salz abschmecken. Mit frischer Petersilie oder frischem grünen Koriander bestreuen und mit Zitronensaft beträufeln. Hier kann man auch rote Linsen verwenden (gleiche Kochzeit). Mit Weißbrot servieren.

3.28 Gemüseeintopf mit provenzalischer Pistou

Stärkt Magen, Milz und Leber, senkt Blutdruck, bakterizid, stärkt Immunsystem, beugt Krebs vor, reduziert Strahlenverletzungen, löst Stagnation, lindert Verstopfung, produziert Muttermilch.

Anzahl Portionen:	8
Kalorien p. Portion	137
Gramm p. Portion	323,12
Kochdauer ca.	1 1/2 Stunden
Allergene:	AGL

(Kohlehydrat:75% / Eiweiß & Fett:25%)
100g.≈ Eiweiß 5,89g. Fett:6,34g.
µg. - Ph:0,65 Na:0,64 Ka:2,48 Mg:1,06 Ca:4,28 Fe:0,02 Zn:0 Col.:0,01 Hsr.:0,25

Zutaten:
Tomate 200 g. / 200g. (empfehlenswert)
Olivenöl 2 EL / 30g. (ja)
Knoblauch 1 Zehe / 5g. (ja)
Parmesan 30 g. / 30g. (ja)
Toastbrot (Vollkorn) 1 Scheibe / 5g. (ja)
Basilikum (frisch) 1 Bund / 125g. (ja)
Salz 1 Prise / 2g. (wenig)
Pfeffer gemahlen 1 Prise / 1g. ()
Oregano getrocknet 1 TL / 3g. (ja)
Grundrezept für eine Gemüsebrühe nahrhaft 1 1/4 Liter / 1250g. (ja)
Karotte (Mohrrübe, Möhre) 150 g. / 150g. (empfehlenswert)
Sellerie Knolle 100 g. / 100g. (empfehlenswert)
Brokkoli 200 g. / 200g. (empfehlenswert)
Fenchel 1 Stück / 250g. (empfehlenswert)
Thymian getrocknet 1/2 TL / 2g. (ja)
Oregano getrocknet 1/2 TL / 2g. (ja)
Lorbeerblatt 1 Stück / 0,5g. (ja)
Erbse, grün 50 g. / 50g. (ja)
Zwiebel Frühlingszwiebel 4 Stück / 80g. (ja)
Kartoffel 100 g. / 100g. (ja)

Kochanleitung:
Soße: Tomaten abziehen, in kleine Stücke schneiden und zusammen mit fein gehacktem Knoblauch in Olivenöl ein wenig einkochen. Toastbrot (zerkrümelt), frischen fein geriebenen Parmesan, fein geschnittenen Basilikum, Oregano, Salz und Pfeffer dazugeben. Suppe: Gemüsebrühe nach Grundrezept zum Kochen bringen, in grobe Scheiben geschnittene Karotten, würfelig geschnittenen Sellerie, würfelig geschnittene Kartoffel, kleine Röschen Brokkoli, kleingeschnittene Fenchelknolle, Erbsen, Thymian, Oregano und das

Lorbeerblatt hinzufügen und 10 Min. kochen lassen. Frühlingszwiebeln in dünne Ringe geschnitten zufügen und weitere 2 Min. mitkochen. Einige Esslöffel Soße in eine Suppenschüssel füllen und kochend heiße Brühe damit verrühren. Nach und nach die Soße mit der Suppe mischen.

3.29 Gemüsenudeln mit Tomatensugo

Schont die Verdauungsorgane, entgiftet. Gut bei Appetitlosigkeit, Blähungen, Darmentzündung, Fettsucht, Gicht, Magengeschwür, Magenkrämpfen, Rheuma, Sodbrennen, Zwölffingerdarmgeschwür. Fördert Verdauung, hilft Fett zu verdauen.

Anzahl Portionen:	2
Kalorien p. Portion	562
Gramm p. Portion	281,1
Kochdauer ca.	45 Min.
Allergene:	ACG

(Kohlehydrat:69,56% / Eiweiß & Fett:30,44%)
100g.≈ Eiweiß 14,06g. Fett:21,69g.
µg. - Ph:42,24 Na:6,41 Ka:89,19 Mg:16,12 Ca:13,53 Fe:0,61 Zn:0,2 Col.:8,37 Hsr.:36,02

Zutaten:
Tomate 125 g. / 125g. (empfehlenswert)
Karotte (Mohrrübe, Möhre) 1 Stück / 80g. (empfehlenswert)
Zucchini 1 Stück / 80g. (empfehlenswert)
Olivenöl 1 EL / 15g. (ja)
Zwiebel Schalotte 1 Stück / 20g. (ja)
Oregano getrocknet 1 Prise / 1g. (ja)
Salz 1 Prise / 1g. (wenig)
Pfeffer gemahlen 1 Prise / 0,2g. ()
Nudeln (Weizen) mit Ei 200 g. / 200g. (ja)
Olivenöl 1 EL / 10g. (ja)
Creme fraîche 2 EL / 30g. (ja)

Kochanleitung:
Tomaten in wenig Wasser kochen, beim Abgießen den Saft auffangen und die Tomaten in Stücke schneiden. Zucchini und Karotte grob raspeln. Olivenöl in einem beschichteten Topf erhitzen und Schalotten darin sehr weich dünsten. Tomaten zugeben, mit Oregano, Salz und Pfeffer würzen und zu einer dicken Soße einköcheln lassen. Reichlich Salzwasser zum Kochen bringen und die Nudeln darin bissfest kochen. In der Zwischenzeit das Olivenöl in einer beschichteten Pfanne erhitzen, die Karottenraspel darin unter Rühren anbraten und leicht salzen. Zucchiniraspel zugeben und ebenfalls unter Rühren kurz anbraten. Das Gemüse soll noch Biss haben. Nudeln abgießen,

abtropfen lassen, mit Crème fraîche vermischen und abschmecken mit Salz und Pfeffer. Mit der Tomatensoße garnieren.

3.30 Gemüsereis

Stärkt Magen, löst Stagnation, fördert Gewichtsabnahme, stärkt Nieren und Blase, harntreibend, erwärmt den Körper von innen, reguliert Innenorganfunktionen. Gut bei Abwehrschwäche, Appetitlosigkeit, Blähungen und Bluthochdruck.

Anzahl Portionen: 3
Kalorien p. Portion 304
Gramm p. Portion 274,73
Kochdauer ca. 30 Min.
Allergene: L
(Kohlehydrat:87,6% / Eiweiß & Fett:12,4%)
100g.≈ Eiweiß 8,1g. Fett:3,41g.
µg. - Ph:35,4 Na:5,75 Ka:46,63 Mg:34,07 Ca:82,12 Fe:0,49 Zn:0,07 Col.:0 Hsr.:15,52

Zutaten:
Brokkoli 50 g. / 50g. (empfehlenswert)
Karotte (Mohrrübe, Möhre) 50 g. / 50g. (empfehlenswert)
Kohlrabi 50 g. / 50g. (empfehlenswert)
Blumenkohl (Karfiol) 30 g. / 30g. (empfehlenswert)
Erbsen 20 g. / 20g. (ja)
Margarine 1 TL / 4g. (ja)
Reis Vollkorn 200 g / 200g. (empfehlenswert)
Grundrezept für eine Gemüsebrühe nahrhaft 400 g. / 400g. (ja)
Petersilie 20 g. / 20g. (ja)
Pfeffer gemahlen 1 Prise / 0,2g. ()

Kochanleitung:
Brokkoli, Karotten und Kohlrabi in kleine Würfel schneiden und den Blumenkohl in kleine Röschen zerteilen. Die Margarine in einer Pfanne oder einem Topf erhitzen und das Gemüse darin andünsten. Anschließend den Reis zufügen, mit der Gemüsebrühe auffüllen und 15-20 Min. ausquellen lassen. In der Zwischenzeit die Petersilie fein hacken. Nach Garzeitende den Reis mit frisch gemahlenem Pfeffer und Petersilie abschmecken.

3.31 Gemüsetopf mit Tofu und Curry auf Naturreis

Harntreibend, senkt Blutzucker und Blutdruck, lindert Blähungen, unterstützt die Verdauung, enthält ideale pflanzliche Schleimstoffe, die zur Regeneration der Dünn- und Dickdarmflora wertvolle Dienste leisten, bakterizid, stärkt Immunsystem.

Anzahl Portionen: 6
Kalorien p. Portion 162
Gramm p. Portion 400,17
Kochdauer ca. 30 Min.
Allergene: E
(Kohlehydrat:56% / Eiweiß & Fett:44%)
100g.≈ Eiweiß 8,62g. Fett:6,02g.
µg. - Ph:1,42 Na:0,6 Ka:6,19 Mg:0,81 Ca:1,42 Fe:0,02 Zn:0,01 Col.:0 Hsr.:0,6

Zutaten:
Olivenöl 2 EL / 20g. (ja)
Knoblauch 2 Zehen / 3g. (ja)
Zwiebel weiss 1 Stück / 60g. (ja)
Curry 2 EL / 16g. (ja)
Wasser 1/2 Liter / 500g. (ja)
Speiserüben 2 Stück / 50g. (empfehlenswert)
Kürbis 1 Stück / 400g. (ja)
Karotte (Mohrrübe, Möhre) 1 Stück / 100g. (empfehlenswert)
Pastinake 1 Stück / 150g. (ja)
Kartoffel 1 Stück / 70g. (ja)
Süßkartoffel 1 Stück / 70g. (ja)
Blumenkohl (Karfiol) 1/4 Stück / 250g. (empfehlenswert)
Brokkoli 1/2 Stück / 250g. (empfehlenswert)
Okra 12 Stück / 200g. (ja)
Soja Tofu 1 Stück / 250g. (ja)
Basilikum 3 EL / 12g. (ja)
Salz 1 Prise / 0,5g. (wenig)

Kochanleitung:
In einer großen, schweren Kasserolle das Öl bei mittlerer Temperatur erhitzen, Knoblauch und Zwiebel dazugeben und unter ständigem Rühren anschwitzen. Mit Currypulver nach Geschmack würzen, etwa 5 Min. behutsam mitbraten und darauf achten, dass Knoblauch und Curry nicht anbrennen. Das Wasser zugießen und zum Kochen bringen. Nach und nach sämtliche Gemüse schälen, würfeln und hineingeben und dabei mit den Sorten beginnen, die die längste Garzeit benötigen. Sobald das Wasser erneut kocht, zudecken, die Wärmezufuhr drosseln und das Gemüse etwa 15 Min. köcheln lassen. Wenn es fast weich ist, Blumenkohl- und Brokkoliröschen sowie die Okra dazugeben und den Eintopf weitere 10 bis 15 Min. garen. Während der letzten 5 Min. den Tofu hineingeben und erwärmen. Gleichzeitig den Naturreis kochen: In einem mittleren Kochtopf mit Wasser den Reis einstreuen, salzen und zugedeckt ca. 20 Min. auf kleiner Flamme kochen, vom Herd nehmen und weitere 10 Min. ziehen lassen. Den Eintopf auf dem Naturreis anrichten und mit Basilikum bestreuen.

3.32 Geröstete Hirse mit Stangensellerie

Stärkt Milz und Nieren, harntreibend, stoffwechselfördernd.

Anzahl Portionen: 2
Kalorien p. Portion 400
Gramm p. Portion 228
Kochdauer ca. 30 min
Allergene: L
(Kohlehydrat:82,09% / Eiweiß & Fett:17,91%)
100g.≈ Eiweiß 7g. Fett:2,59g.
µg. - Ph:44,42 Na:8,59 Ka:31,27 Mg:23,88 Ca:11,01 Fe:1,24 Zn:0,24 Col.:0 Hsr.:12,62

Zutaten:
Hirse 1 Tasse / 120g. (ja)
Wasser 2 Tassen / 240g. (ja)
Sellerie Stangensellerie 2 Stangen / 50g. (empfehlenswert)
Wasser 2 EL / 30g. (ja)
Kräuter verschiedene 1 EL / 10g. (ja)
Salz 1 Prise / 1g. (wenig)
Salbei 3-4 Blätter / 2g. (ja)
Kresse 1 TL / 3g. (ja)

Kochanleitung:
Hirse kurz anrösten, mit Wasser übergießen, kurz aufkochen und 20 Min. quellen lassen. Stangensellerie klein schneiden, mit Wasser, Salz und frischen Kräutern 10 Min. kochen und zu der Hirse geben. Frischen Salbei oder Kresse kleingehackt darüberstreuen.

3.33 Gerstenbratlinge

Verbessert Verdauung, senkt Cholesterinspiegel. Gut bei Durchfall, Geschwüren, Gliederschmerzen und Magenproblemen. Stärkt Milz, Leber und Immunsystem, senkt Blutdruck, bakterizid, beugt Krebs vor, reduziert Strahlenverletzungen.

Anzahl Portionen: 3
Kalorien p. Portion 398
Gramm p. Portion 292,67
Kochdauer ca. 1 1/2 Stunden
Allergene: ACN
(Kohlehydrat:63% / Eiweiß & Fett:37%)
100g.≈ Eiweiß 8,38g. Fett:19,69g.
µg. - Ph:7,07 Na:4,18 Ka:17,24 Mg:2,02 Ca:2,5 Fe:0,08 Zn:0,04 Col.:2,76 Hsr.:2,93

Zutaten:
Wasser 2 Tassen / 250g. (ja)
Gerstengrütze 1 Tasse / 120g. (ja)
Kartoffel 1 Stück / 140g. (ja)

Karotte (Mohrrübe, Möhre) 1 Stück / 120g. (empfehlenswert)
Champignon 2-3 Stück / 25g. (ja)
Huhn Ei 1 Stück / 55g. (ja)
Zwiebel weiss 1 Stück / 50g. (ja)
Ingwer frisch 1/2 TL / 1g. (ja)
Pfeffer gemahlen 1 Prise / 0,5g. ()
Salz 1 Prise / 1g. (wenig)
Zitrone 1/2 Stück / 15g. (ja)
Petersilie 2 EL / 15g. (ja)
Paprika (Rosenpaprikapulver) 1 Prise / 1g. (ja)
Sesamöl 2-3 EL / 50g. (empfehlenswert)
Brötchen (Semmel) 1 Stück / 35g. (wenig)

Kochanleitung:
Vorbereitung: 2 große Tassen heißes Wasser in einen Topf geben, 1 große Tasse Thermo-Gerstengrütze dazugeben und 2 Min. unter Rühren köcheln lassen. Dann 20 Min. auf der ausgeschalteten Herdplatte quellen lassen, herunternehmen und abkühlen lassen. Eine große Kartoffel kleinschneiden und in Wasser kochen. Brötchen in heißem Wasser einweichen und dann gut ausdrücken. Danach die Gerstengrütze, die zerdrückte Kartoffel und das Brötchen vermengen und folgendes zufügen: 1 geraspelte Karotte, 2-3 kleingehackte Champignons, 1 Ei, 1 fein gehackte Zwiebel, ½ TL geriebenen Ingwer, je eine Prise Salz und Pfeffer, etwas Zitronensaft, gehackte Petersilie und reichlich Rosenpaprika. Alles gut durchkneten und Bratlinge formen. In einer heißen Pfanne Sesamöl erhitzen und die Bratlinge etwa 15 Min. bei schwacher Hitze ausbacken. Nach der Hälfte der Zeit wenden. Dazu passt: Blattsalat, Sojasprossengemüse.

3.34 Gerstenbrei mit Beeren

Harntreibend, stärkt Magen, befeuchtet Darm und Haut, entspannt, stillt Husten, führt leicht ab, stärkt Nieren, fördert Verdauung, entgiftet, treibt Schweiß, reduziert Blutfett, regt an, löst Stagnation.

Anzahl Portionen:	5
Kalorien p. Portion	113
Gramm p. Portion	318,6
Kochdauer ca.	2 Stunden
Allergene:	A

(Kohlehydrat:82,48% / Eiweiß & Fett:17,52%)
100g.≈ Eiweiß 4,02g. Fett:0,78g.
µg. - Ph:7,36 Na:0,55 Ka:13,46 Mg:3,14 Ca:2,78 Fe:0,08 Zn:0,01 Col.:0 Hsr.:2,4

Zutaten:
Wasser 10 Tassen / 1200g. (ja)
Gerste 1 Tasse / 120g. (ja)
Ingwer frisch 2 Scheiben / 2g. (ja)
Kardamom 3 Kapseln / 1g. (ja)
Salz 1 Prise / 1g. (wenig)
Himbeere 250 g. / 250g. (empfehlenswert)
Kakao 1 Prise / 1g. (ja)
Gerstenmalz 1 EL / 15g. (ja)
Zitronenmelisse (frisch) 2-4 Blätter / 3g. (ja)

Kochanleitung:
Gerste mit Wasser, Ingwer und Kardamomkapseln in einem großen Topf aufkochen. Mit einem Deckel fest verschließen und auf kleiner Stufe etwa 2 Std. lang kochen. Für 2 Portionen vom gekochten Gerstenbrei etwa 2 Schöpflöffel in eine Schüssel geben. Mit Sonnenblumenkernen, Malz, Kakaopulver und einer Prise Salz verrühren. Frische Beeren in den Brei rühren und mit frischer Minze oder Melisse bestreut servieren. Tipp: Der vorgekochte Gerstenbrei (ohne Früchte) kann gut im
Kühlschrank aufbewahrt und sowohl für süße als auch für pikante Gerichte verwendet werden, z.B. mit gedünstetem Gemüse oder mit Kompott aus Früchten der Saison.

3.35 Gerstenbrei mit gedünsteter Birne

Fördert Verdauung, harntreibend, stärkt Milz und Magen, kühlt Blase, befeuchtet Darm und Haut, entspannt, schweißtreibend.

Anzahl Portionen:	5
Kalorien p. Portion	113
Gramm p. Portion	305,8
Kochdauer ca.	25 Min.
Allergene:	A

(Kohlehydrat:86% / Eiweiß & Fett:14%)
100g.≈ Eiweiß 3,26g. Fett:0,72g.
µg. - Ph.1,16 Na:0,11 Ka:2,09 Mg:0,44 Ca:0,33 Fe:0,01 Zn:0,01 Col.:0 Hsr.:0,42

Zutaten:
Wasser 10 Tassen / 1200g. (ja)
Gerste 1 Tasse / 120g. (ja)
Ingwer frisch 2 Scheiben / 2g. (ja)
Kardamom 3 Kapseln / 1g. (ja)
Salz 1 Prise / 1g. (wenig)
Birne 1 Stück / 200g. (empfehlenswert)
Zucker Ursüße (Zuckerrohr) süß 1/2 EL / 5g. (wenig)

Kochanleitung:
Die Gerste zu grobem Schrot mahlen und trocken anrösten. Heißes Wasser aufgießen, Ingwer und Kardamom hinzufügen und bei wenig Hitze zu einem Brei quellen lassen. Birne schälen und würfeln und mit wenig Wasser 10 Min. dünsten. Am Ende die gedünstete Birne mit etwas Butter und Süßmittel zur Gerste geben. Variante: Wenn es morgens schnell gehen soll, kann man an Stelle von Schrot Gerstenflocken verwenden.

3.36 Gerstenbrei mit Pflaumen

Stärkt Milz und Magen, kühlt Blase, harntreibend, befeuchtet Darm, entspannt, reduziert innere Hitze, produziert Körpersäfte, befeuchtet Lunge, reduziert innere Trockenheit.

Anzahl Portionen: 5
Kalorien p. Portion 106
Gramm p. Portion 289,6
Kochdauer ca. 25 Min.
Allergene: AG
(Kohlehydrat:81% / Eiweiß & Fett:19%)
100g.≈ Eiweiß 3,15g. Fett:1,57g.
µg. - Ph:1,2 Na:0,1 Ka:2,2 Mg:0,44 Ca:0,34 Fe:0,01 Zn:0,01 Col.:0,04 Hsr.:0,42

Zutaten:
Wasser 10 Tassen / 1200g. (ja)
Gerste 1 Tasse / 120g. (ja)
Pflaume 1 Tasse / 120g. (empfehlenswert)
Butter Bio 2 TL / 6g. (ja)
Zucker Ursüße (Zuckerrohr) süß 1/2 TL / 2g. (wenig)

Kochanleitung:
Die Gerste zu grobem Schrot mahlen und trocken anrösten. Heißes Wasser aufgießen und bei wenig Hitze zu einem Brei quellen lassen. Am Ende Pflaumen, etwas Butter und Süßmittel zugeben. Variante: Wenn es morgens schnell gehen soll, kann man an Stelle von Schrot Gerstenflocken verwenden.

3.37 Gersten-Gemüse-Suppe

Nährt Blut, harntreibend, entgiftet, stärkt Milz und Leber, senkt Blutdruck, bakterizid, stärkt Immunsystem, beugt Krebs vor, reduziert Strahlenverletzungen, fördert Verdauung, hilft Fett zu verdauen, harmonisiert Stoffwechsel.

Anzahl Portionen: 3
Kalorien p. Portion 281

Gramm p. Portion 304
Kochdauer ca. 2 Stunden
Allergene: AGL
(Kohlehydrat:73% / Eiweiß & Fett:27%)
100g.≈ Eiweiß 11,93g. Fett:5,74g.
µg. - Ph:9,75 Na:1,36 Ka:21,85 Mg:3,27 Ca:3,09 Fe:0,14 Zn:0,08 Col.:0,09 Hsr.:9,52

Zutaten:
Gerste 1 Tasse / 120g. (ja)
Shiitake, getrocknet 4 g. / 4g. (ja)
Zwiebel Schalotte 1 Stück / 20g. (ja)
Cumin (Kreuzkümmel) 1 Messerspitze / 0,5g. (ja)
Sonnenblumenöl 1 EL / 10g. (ja)
Wasser 300 ml / 250g. (ja)
Sellerie Stangensellerie 2 Äste / 20g. (empfehlenswert)
Erbse, grün 250 g. / 250g. (ja)
Tomate 1 Stück / 50g. (empfehlenswert)
Karotte (Mohrrübe, Möhre) 2 Stück / 150g. (empfehlenswert)
Stangenbohnen (Fisolen) 1 Handvoll / 30g. (ja)
Salz 1 Prise / 1g. (wenig)
Pfeffer gemahlen 1 Prise / 0,5g. ()
Petersilie 1 TL / 3g. (ja)
Butter Bio 1 TL / 3g. (ja)

Kochanleitung:
Gerste am Abend einweichen. Am nächsten Tag die Pilze separat einweichen. Zwiebel und Cumin in Öl bräunen, dann mit Wasser aufkochen. Das kleingeschnittene Gemüse, etwas Salz, die Gerste und die Shiitakepilze hinzufügen und alles zu einer dicken Suppe weich kochen. Am Ende mit Pfeffer, Petersilie und etwas Butter abschmecken.

3.38 Geschnetzeltes Huhn mit Walnüssen und Sherry

Stärkt Blut, baut Milz und Magen auf, stärkt Knochenmark und Magen-Darm-Funktion, erweitert Blutgefäße, bakterizid, beugt Krebs vor, befeuchtet den Darm, treibt Schweiß, reduziert Blutfett, regt an.
Anzahl Portionen: 4
Kalorien p. Portion 304
Gramm p. Portion 272
Kochdauer ca. 25 Min.
Allergene: EGHN
(Kohlehydrat:36,28% / Eiweiß & Fett:63,72%)
100g.≈ Eiweiß 20,57g. Fett:25,01g.
µg. - Ph:27,57 Na:7,42 Ka:29,72 Mg:7,25 Ca:3,77 Fe:0,28 Zn:0,02 Col.:1,78 Hsr.:19,84

Zutaten:
Butter Bio 2 EL / 35g. (ja)
Walnüsse 2 EL / 25g. (empfehlenswert)
Ingwer frisch 1/2 TL / 2g. (ja)
Zwiebel Schalotte 2 Stück / 40g. (ja)
Salz 1 Prise / 1g. (wenig)
Huhn Fleisch 300 g. / 300g. (ja)
Paprika (Rosenpaprikapulver) 1 Prise / 1g. (ja)
Sesam, Weißer 1 TL / 2g. (ja)
Schwarzer Fungu Pilz 4 Stück / 3g. (ja)
Shiitake, getrocknet 4 Stück / 5g. (ja)
Sojasauce 1 Schuss / 3g. (ja)
Reis Vollkorn 1 Tasse / 120g. (empfehlenswert)
Wasser 6 Tassen / 550g. (ja)
Salz 1 Prise / 1g. (wenig)

Kochanleitung:
In einer Pfanne Butter oder Sesamöl erhitzen. Darin Walnüsse, reichlich geriebenen Ingwer, kleingeschnittene Schalotten oder Zwiebeln leicht anbraten. Salz und das geschnetzelte Huhn zufügen und rundherum anbraten. Rosenpaprika, gerösteten Sesam, eingeweichten schwarzen Fungu, Shiitakepilze oder Champignons dazugeben und mit einem Schuss Sherry ablöschen. 5-10 Min. köcheln lassen, bis das Fleisch gar ist und mit Sojasoße abschmecken. Reis in gesalzenem Wasser aufkochen lassen und bei kleiner Hitze ca. 15 Min. quellen lassen. Dazu passt: Feldsalat, Radicchio

3.39 Getreidekaffee mit Kardamom

Harntreibend, stärkt Magen, befeuchtet Darm, befeuchtet die Haut, entspannt, vermindert Fettgewebe.
Anzahl Portionen: 1
Kalorien p. Portion 4
Gramm p. Portion 136
Kochdauer ca. 5 Min.
Allergene:
(Kohlehydrat:98,58% / Eiweiß & Fett:1,42%)
100g.≈ Eiweiß 0,12g. Fett:0,08g.
µg. - Ph:1,29 Na:1,02 Ka:7,9 Mg:2,49 Ca:5,37 Fe:0,08 Zn:0,09 Col.:0 Hsr.:0

Zutaten:
Getreidekaffee 1 EL / 15g. (ja)
Kardamom 2 Kerne / 1g. (ja)
Wasser 1 Tasse / 120g. (ja)

Kochanleitung:
Wasser, Kaffee, Zucker und Kardamom aufkochen und setzen lassen.

3.40 Getreide-Obst-Brei

Liefert viel Vitamin C, stärkt Abwehrkraft, antiparasitär.
Anzahl Portionen: 1
Kalorien p. Portion 175
Gramm p. Portion 215
Kochdauer ca. 10 Min.
Allergene: A
(Kohlehydrat:71% / Eiweiß & Fett:29%)
100g.≈ Eiweiß 2,7g. Fett:6,92g.
µg. - Ph:41,51 Na:2,49 Ka:91 Mg:16,16 Ca:10,4 Fe:0,66 Zn:0,47 Col.:0 Hsr.:21,3

Zutaten:
Hafer Flocken (Vollkorn) 20 g. / 20g. (empfehlenswert)
Wasser 90 g. / 90g. (ja)
Apfelsaft (Naturtrüb) 100 g. / 100g. (ja)
Rapsöl 5 g. / 5g. (empfehlenswert)

Kochanleitung:
Die Getreideflocken mit Wasser kurz aufkochen. Instantflocken braucht man nur mit heißem Wasser anrühren. Obstsaft oder -püree und Fett unterrühren. Das frische Obst (zum Beispiel Äpfel, Birnen, Pfirsiche) kann roh zerdrückt oder gerieben werden. Geeignet sind auch Tiefkühlobst oder industriell eingemachtes Obst in Gläsern ohne Zuckerzusätze. Bananen sollten Sie mit weniger süßem Obst vermischt anbieten.

3.41 Gewürzkuchen mit Datteln

Beruhigt Nerven und Magen, fördert Durchblutung. Gut bei Appetitlosigkeit, Blähungen, Darmentzündung, Fettsucht, Gicht, Magengeschwür, Magenkrampf, Rheuma, Sodbrennen.
Anzahl Portionen: 4
Kalorien p. Portion 808
Gramm p. Portion 232,5
Kochdauer ca. 1 1/2 Stunden
Allergene: ACGO
(Kohlehydrat:71% / Eiweiß & Fett:29%)
100g.≈ Eiweiß 14,11g. Fett:32,91g.
µg. - Ph:38,49 Na:13,51 Ka:54,99 Mg:9,73 Ca:10,38 Fe:0,48 Zn:0,07 Col.:4,87 Hsr.:12,86

Zutaten:
Sonnenblumenöl 100 ml. / 100g. (ja)
Zucker (weiß, aus Rüben) 200 g / 200g. (wenig)

Kuhmilch (Vollmilch 3,5 % Fett) 100 ml. / 100g. (ja)
Weizen Mehl 250 g. / 250g. (ja)
Kakao 40 g. / 40g. (ja)
Datteln getrocknet 50 g. / 50g. (ja)
Huhn Ei 3 Stück / 180g. (ja)
Nelke 1/2 TL / 1g. (ja)
Zimtpulver 1 1/2 tl / 3g. (ja)
Muskatnuss 1 Prise / 0,5g. (ja)
Backpulver 1/2 Packung / 1,5g. (ja)
Butter Bio 1 TL / 2g. (ja)
Weizen Mehl 1 TL / 2g. (ja)

Kochanleitung:
Die Eier trennen, Eiweiß steif schlagen und beiseite stellen. Öl, Zucker und Eigelb in eine Schüssel geben und schaumig rühren. Mehl, Kakao und Backpulver zufügen, durchrühren und die Milch nach und nach unterrühren. Nun die kleingehackten Datteln und die Gewürze (die Nelken gemahlen) zur Masse geben und auf kleinster Stufe mit dem Handrührgerät einrühren. Jetzt das steif geschlagene Eiweiß löffelweise vorsichtig mit einem Löffel unterheben und den Teig in eine gefettete, bemehlte Form füllen und 70 Min. bei 200 Grad backen.

3.42 Grießbrei mit Banane

Reguliert Magen-Darm-Funktion, befeuchtet Darm, entzündungshemmend, antiallergisch, kreislaufstabilisierend, kühlt innere Hitze, gut bei Durchblutungsstörungen.

Anzahl Portionen:	1
Kalorien p. Portion	307
Gramm p. Portion	284
Kochdauer ca.	15 Min.
Allergene:	AG

(Kohlehydrat:66,17% / Eiweiß & Fett:33,83%)
100g.≈ Eiweiß 10,58g. Fett:10,73g.
µg. - Ph:116,7 Na:93,56 Ka:218,89 Mg:28,56 Ca:92,08 Fe:0,64 Zn:0,36 Col.:7,61 Hsr.:12,85

Zutaten:
Kuhmilch (Vollmilch 3,5 % Fett) 200 ml / 200g. (ja)
Dinkel Gries 3 EL / 30g. (ja)
Butter Bio 1 TL / 4g. (ja)
Banane 1/2 Stück / 50g. (ja)

Kochanleitung:
Die Hälfte der Milch in einem kleinen Topf erhitzen, Grieß zufügen und aufkochen. Bei schwacher Hitze unter ständigem Rühren 3 Min. ausquellen lassen. Den Topf vom Herd nehmen, nach und nach die übrige Milch mit dem Schneebesen unterschlagen und den Brei in ein Schälchen geben. Die Butter und die zermuste Banane zufügen. Für Erwachsene kann eine Prise Zimt darübergestreut werden.

3.43 Grießklößchensuppe

Senkt Blutdruck, bakterizid, stärkt Immunsystem, beugt Krebs vor, reduziert Strahlenverletzungen, löst Stagnation, fördert Gewichtsabnahme. Gut bei Abwehrschwäche, Appetitlosigkeit, Blähungen, Bluthochdruck, Depressionen, Diabetes, Durchfall.

Anzahl Portionen:	3
Kalorien p. Portion	287
Gramm p. Portion	235,67
Kochdauer ca.	60 Min.
Allergene:	ACGLO

(Kohlehydrat:74% / Eiweiß & Fett:26%)
100g.≈ Eiweiß 12,68g. Fett:16,24g.
µg. - Ph:7,29 Na:3,79 Ka:6,29 Mg:7,72 Ca:17,64 Fe:0,11 Zn:0,11 Col.:5,65 Hsr.:2,66

Zutaten:
Butter Bio 40 g. / 40g. (ja)
Huhn Ei 1 Stück / 65g. (ja)
Salz 1 Prise / 1g. (wenig)
Pfeffer gemahlen 1 Prise / 0,5g. ()
Muskatnuss 1 Prise / 1g. (ja)
Weizen Gries 80 g. / 80g. (ja)
Grundrezept für eine Rinderbrühe wärmend 1/2 Liter / 500g. (ja)
Petersilie 1 EL / 10g. (ja)
Lauchzwiebel Schnittlauch 1 EL / 10g. (ja)

Kochanleitung:
Die Zutaten für die Grießklößchen zu einem festen Teig kneten und 30 Min. quellen lassen. Die Brühe erhitzen. Dann mit einem Löffel Klößchen ausstechen, in die Brühe geben und ca. 20 Min. ziehen lassen. Vor dem Servieren gehackte Petersilie und in feine Röllchen geschnittenen Schnittlauch einstreuen.

3.44 Grießsuppe mit Gemüse

Senkt Blutdruck, stärkt Immunsystem, beugt Krebs vor, stärkt Magen, löst Stagnation, fördert Gewichtsabnahme. Gut bei Abwehrschwäche, Appetitlosigkeit, Blähungen, Bluthochdruck, Depressionen, Diabetes, Durchfall, Rheuma, Sodbrennen, Zwölffingerdarmgeschwür

Anzahl Portionen: 3
Kalorien p. Portion 106
Gramm p. Portion 237,7
Kochdauer ca. 20 Min.
Allergene: AGL
(Kohlehydrat:85,32% / Eiweiß & Fett:14,68%)
100g.≈ Eiweiß 2,38g. Fett:4,25g.
µg. - Ph:8,65 Na:9,11 Ka:25,61 Mg:28,49 Ca:112,45 Fe:0,33 Zn:0,03 Col.:0 Hsr.:5,1

Zutaten:
Grundrezept für eine Gemüsebrühe nahrhaft 1/2 Liter / 500g. (ja)
Weizen Gries 2 EL / 20g. (ja)
Liebstöckel 1/2 TL / 2g. (ja)
Basilikum (frisch) 1/2 TL / 1g. (ja)
Muskatnuss 1 Prise / 0,1g. (ja)
Karotte (Mohrrübe, Möhre) 100 g. / 100g. (empfehlenswert)
Sellerie Knolle 50 g. / 50g. (empfehlenswert)
Sahne, süß 30% 3 EL / 30g. (wenig)
Petersilie 1 EL / 10g. (ja)

Kochanleitung:
Grieß ohne Fett in einer Pfanne anrösten. Kleingeschnittene Karotten und Sellerie kurz mitrösten. Mit der Gemüsesuppe aufgießen, mit Liebstöckel und Muskatnuss würzen und 10 Min. köcheln lassen. Vor dem Servieren die Sahne einrühren und mit Petersilie garnieren.

3.45 Grundrezept für eine Hühnerbrühe (wärmend)

Stärkt Blut, baut Milz und Magen auf, stärkt Knochenmark, senkt Blutdruck, bakterizid, stärkt Immunsystem, beugt Krebs vor, reduziert Strahlenverletzungen, fördert Schwitzen, löst Stagnation. Gut bei Appetitlosigkeit und Blähungen.

Anzahl Portionen: 9
Kalorien p. Portion 90
Gramm p. Portion 244,89
Kochdauer ca. 2-3 Stunden
Allergene: L
(Kohlehydrat:10,44% / Eiweiß & Fett:89,56%)
100g.≈ Eiweiß 15,69g. Fett:11,57g.
µg. - Ph:7,72 Na:5,27 Ka:16,86 Mg:1,2 Ca:3,41 Fe:0,1 Zn:0 Col.:0,25 Hsr.:8,27

Zutaten:
Huhn Fleisch 1/2 Stück / 600g. (ja)
Karotte (Mohrrübe, Möhre) 2 Stück / 150g. (empfehlenswert)
Lauch (Porree) 1 Stange / 45g. (ja)
Sellerie Knolle 1 Stück / 500g. (empfehlenswert)
Ingwer frisch 2 Scheiben / 2g. (ja)
Bockshornklee 1 TL / 2g. (ja)
Wacholderbeere 1 TL / 3g. (empfehlenswert)
Lorbeerblatt 3 Stück / 2g. (ja)
Wasser 1 Liter / 900g. (ja)

Kochanleitung:
Hühnerteile von Fett befreien, in einen Topf mit heißem Wasser geben, kurz aufkochen lassen und entstehenden Schaum abschöpfen. Grob geschnittenes Gemüse und alle Gewürze zugeben und 2-3 Std. bei mittlerer Hitze kochen, dann alles abseihen. Tipp: Wenn Sie das Fleisch als Suppeneinlage verwenden möchten, bereits nach 45 Min. herausnehmen und nur die Knochen in der Suppe lassen.

3.46 Grundrezept für eine nahrhafte Gemüsebrühe

Senkt Blutdruck und Blutfett, bakterizid, stärkt Immunsystem, beugt Krebs vor, stärkt Magen, löst Stagnation, fördert Gewichtsabnahme, hilft bei Appetitlosigkeit, Blähungen, Bluthochdruck, Depressionen, Diabetes, Durchfall.

Anzahl Portionen:	5
Kalorien p. Portion	48
Gramm p. Portion	240,6
Kochdauer ca.	2-3 Stunden
Allergene:	L

(Kohlehydrat:71,3% / Eiweiß & Fett:28,7%)
100g.≈ Eiweiß 1,57g. Fett:1,31g.
µg. - Ph:4,86 Na:3,67 Ka:25,68 Mg:1,8 Ca:6,32 Fe:0,1 Zn:0,01 Col.:0 Hsr.:2,78

Zutaten:
Olivenöl 1 EL / 4g. (ja)
Zwiebel weiss 1 Stück / 60g. (ja)
Karotte (Mohrrübe, Möhre) 3 Stück / 200g. (empfehlenswert)
Pastinake 150 g. / 150g. (ja)
Sellerie Knolle 1 Tasse / 100g. (empfehlenswert)
Ingwer frisch 1/2 TL / 2g. (ja)
Zitrone 1/2 Stück / 25g. (ja)
Wacholderbeere 6 Stück / 6g. (empfehlenswert)
Thymian getrocknet 1 Prise / 1g. (ja)
Liebstöckel 1 EL / 3g. (ja)

Lorbeerblatt 2 Blätter / 1g. (ja)
Salz 1 Prise / 1g. (wenig)
Wasser 3/4 Liter / 650g. (ja)

Kochanleitung:
Gemüse würfelig schneiden. Öl in einem Topf erhitzen, die Zwiebel und das Gemüse darin anbraten, Ingwer und Lorbeer zugeben. Mit kaltem Wasser aufgießen, Zitronensaft zufügen und mit Wacholder, Thymian und Liebstöckel würzen. 2-3 Std. auf kleiner Stufe zugedeckt köcheln lassen. Brühe durch ein Sieb streichen und im Kühlschrank aufbewahren. Sie dient als Suppengrundlage und verfeinert Gemüse, Hülsenfrüchte oder Getreide.

3.47 Grundrezept für eine Reissuppe (Congee)

Niedriger Fettgehalt, zur Entwässerung des Körpers bei Übergewicht und Bluthochdruck.

Anzahl Portionen: 3
Kalorien p. Portion 140
Gramm p. Portion 273,33
Kochdauer ca. 2-4 Stunden
Allergene:
(Kohlehydrat:89,71% / Eiweiß & Fett:10,29%)
100g.≈ Eiweiß 2,96g. Fett:0,48g.
µg. - Ph:5,85 Na:0,58 Ka:5,02 Mg:3,41 Ca:1,72 Fe:0,03 Zn:0,02 Col.:0 Hsr.:6,34

Zutaten:
Reis Sorte beliebig 1 Tasse / 120g. (ja)
Wasser 6 Tassen / 700g. (ja)

Kochanleitung:
Man kocht Reis und Wasser in einem Verhältnis von etwa 1:6. Die Menge des Wassers bestimmt die Dicke des Breis (reine Geschmackssache). Der Reis quillt unwahrscheinlich auf, nehmen Sie also nicht viel. Geben Sie den Reis in einen Topf mit einem schweren Deckel. Wichtig ist, den Reis nach kurzem Aufkochen nur auf kleinster Stufe köcheln zu lassen, da er sonst anbrennt. Kochen Sie den Reis 2-4 Stunden. Je länger er kocht, desto stärkender wirkt er. Wenn Sie das Gericht zum Frühstück essen möchten, können Sie den Reis auch kurz vor dem Zubettgehen aufsetzen. Sicherheitshalber sollten Sie vorher einmal unter Beobachtung für eine ähnlich lange Zeit das Verhalten Ihres Topfes und Herdes prüfen, damit nichts anbrennt.

3.48 Grundrezept für eine Rinderbrühe (klar)

Stärkt Muskeln, Sehnen und Knochen, senkt Blutdruck, bakterizid, stärkt Immunsystem, beugt Krebs vor, reduziert Strahlenverletzungen, regt Verdauung an, reduziert Schmerzen, fördert Verdauung. Harntreibend, stillt Blutung. Rosmarin fördert Verdauung.

Anzahl Portionen: 10
Kalorien p. Portion 114
Gramm p. Portion 276
Kochdauer ca. 4-8 Stunden
Allergene: O
(Kohlehydrat:22,24% / Eiweiß & Fett:77,76%)
100g.≈ Eiweiß 12,22g. Fett:4,1g.
µg. - Ph:5,14 Na:3,08 Ka:13,39 Mg:1,06 Ca:2,52 Fe:0,09 Zn:0,01 Col.:0,14 Hsr.:3,57

Zutaten:
Rind Suppenfleisch 500 g. / 500g. (ja)
Rind Fleischknochen 200 g. / 200g. (ja)
Essig (Rotweinessig) 1 Schuss / 3g. (ja)
Wacholderbeere 8 Stück / 6g. (empfehlenswert)
Rosmarin 1 Prise / 1g. (ja)
Karotte (Mohrrübe, Möhre) 3 Stück / 210g. (empfehlenswert)
Pastinake 2 Stück / 300g. (ja)
Lauch (Porree) 1 Stück / 200g. (ja)
Ingwer frisch 1/2 TL / 5g. (ja)
Liebstöckel 1 Stiel / 15g. (ja)
Nelke 2 Stück / 2g. (ja)
Piment 6 Stück / 12g. (ja)
Anis (gemeiner Fenchel) 2 Stück / 1g. (ja)
Salz 1 TL / 5g. (wenig)
Wasser 1 1/2 Liter / 1300g. (ja)

Kochanleitung:
Rotweinessig, Wacholderbeeren, Rosmarin, Knochen und Fleisch in Wasser zum Kochen bringen. Karotten, Pastinaken, Lauch, Ingwer, Liebstöckelgrün, Nelken, Piment, Sternanis und etwas Salz zufügen und alles 4-8 Std. köcheln und dann abseihen. Brühe im Kühlschrank aufbewahren.

3.49 Gurkensalat

Gurke kühlt und befeuchtet, entgiftet, unterdrückt Umwandlung von Zucker in Fett, senkt Cholesterinspiegel, beugt Krebs vor, ist harntreibend. Dill wirkt gegen Blähungen, ist krampflösend bei Magen-Darm-Beschwerden.

Anzahl Portionen: 2
Kalorien p. Portion 27
Gramm p. Portion 206
Kochdauer ca. 5 min.
Allergene: O
(Kohlehydrat:68% / Eiweiß & Fett:32%)
100g.≈ Eiweiß 1,61g. Fett:0,4g.
µg. - Ph:5,92 Na:2,32 Ka:35,15 Mg:2,16 Ca:4,03 Fe:0,12 Zn:0,05 Col.:0 Hsr.:1,94

Zutaten:
Gurke 1 Stück / 400g. (empfehlenswert)
Salz 1 Prise / 1g. (wenig)
Dill 1 Prise / 1g. (ja)
Essig (Apfelessig) 1 EL / 10g. (ja)

Kochanleitung:
Bio-Gurke mit Schale, konventionelle Gurke schälen, dünn schneiden und würzen.

3.50 Haferflocken mit aromatischen Gewürzen

Stoppt Durchfall, fördert Verdauung, Appetit anregend, harmonisiert Magen, lindert Durchfall, stärkt Abwehrkraft, wirkt entgiftend und stimuliert das Immunsystem. Alginsäure kann zur Entgiftung des Darmes beitragen.
Anzahl Portionen: 3
Kalorien p. Portion 281
Gramm p. Portion 208
Kochdauer ca. 25 min.
Allergene: AH
(Kohlehydrat:69,06% / Eiweiß & Fett:30,94%)
100g.≈ Eiweiß 6,74g. Fett:10,73g.
µg. - Ph:33,91 Na:2,34 Ka:51,76 Mg:12,79 Ca:8,03 Fe:0,44 Zn:0,11 Col.:0 Hsr.:12,35

Zutaten:
Hafer Flocken (Vollkorn) 1 Tasse / 125g. (empfehlenswert)
Walnüsse 1 EL / 15g. (empfehlenswert)
Haselnüsse 1 EL / 15g. (ja)
Wasser 2 Tassen / 240g. (ja)
Wakame 2 cm. / 2g. (ja)
Apfel (süß) 1 Stück / 220g. (empfehlenswert)
Kardamom 3-4 Kapseln / 2g. (ja)
Zitronenmelisse (frisch) 3-4 Blätter / 3g. (ja)
Acerola Fruchtnektar oder Pulver 1 TL / 2g. (ja)

Kochanleitung:
Haferflocken und Nüsse rösten und mit heißem Wasser aufgießen. Kardamom und Wakame 20 Min. darin kochen. Geriebenen Apfel, Acerola und Zitronenmelisse zugeben.

3.51 Haferflockensuppe mit Frühlingszwiebeln und Karotten

Senkt Blutdruck, ist bakterizid, stärkt Immunsystem, beugt Krebs vor, reduziert Strahlenverletzungen, regt Verdauung an, reduziert Schmerzen, fördert Appetit, löst Stagnation.

Anzahl Portionen: 3
Kalorien p. Portion 135
Gramm p. Portion 266,33
Kochdauer ca. 30 min.
Allergene: AG
(Kohlehydrat:64,93% / Eiweiß & Fett:35,07%)
100g.≈ Eiweiß 3,87g. Fett:5,6g.
µg. - Ph:11,02 Na:3,09 Ka:23,66 Mg:4,24 Ca:7,66 Fe:0,29 Zn:0,05 Col.:0,5 Hsr.:4,9

Zutaten:
Hafer 6 EL / 48g. (ja)
Karotte (Mohrrübe, Möhre) 2 Stück / 200g. (empfehlenswert)
Butter Bio 1 EL / 15g. (ja)
Muskatnuss 1 Prise / 1g. (ja)
Liebstöckel 1 Stiel / 15g. (ja)
Zwiebel Frühlingszwiebel 2 Stück / 40g. (ja)
Wasser 1/2 Liter / 480g. (ja)

Kochanleitung:
Haferflocken in Butter anrösten, Salz und Gewürze zugeben, mit Wasser aufgießen und aufkochen lassen. Nach 10 Min. die geriebenen Karotten und den Liebstöckel zufügen und weitere 10 Min. kochen. Zwiebeln fein schneiden und dazugeben.

3.52 Herzhafter Polentabrei

Stärkt Milz und Magen, harntreibend, fördert Verdauung, entgiftet, treibt Schweiß, reduziert Blutfett, regt an, löst Stagnation, fördert Appetit.

Anzahl Portionen: 2
Kalorien p. Portion 262
Gramm p. Portion 207,5
Kochdauer ca. 10 Min.
Allergene:
(Kohlehydrat:80% / Eiweiß & Fett:20%)
100g.≈ Eiweiß 5,65g. Fett:5,94g.
µg. - Ph:6,71 Na:0,73 Ka:11,2 Mg:2,2 Ca:2,17 Fe:0,09 Zn:0,05 Col.:0 Hsr.:2,46

Zutaten:
Mais Gries (Polenta) 1 Tasse / 120g. (ja)
Zwiebel Frühlingszwiebel 2 Stück / 40g. (ja)
Ingwer frisch 1/2 TL / 2g. (ja)
Muskatnuss 1 Prise / 1g. (ja)
Salz 1 Prise / 1g. (wenig)
Olivenöl 1 EL / 10g. (ja)
Kurkuma (Gelbwurz) 1 Prise / 1g. (ja)
Wasser 2 Tassen / 240g. (ja)

Kochanleitung:
Polenta in kochendes Wasser einrühren und quellen lassen. Frühlingszwiebel, geriebenen Ingwer, Kurkuma, Muskat, Salz und Olivenöl zugeben und weiter ziehen lassen.

3.53 Herzhaftes Winterfrühstück

Stärkt die Abwehrkräfte und erwärmt, beruhigt Nerven und Magen, fördert Verdauung, entgiftet, stärkt Säfteproduktion, treibt Schweiß, reduziert Blutfett, regt an, löst Stagnation.

Anzahl Portionen:	1
Kalorien p. Portion	678
Gramm p. Portion	235
Kochdauer ca.	20 min.
Allergene:	ACEG

(Kohlehydrat:60% / Eiweiß & Fett:40%)
100g.≈ Eiweiß 28,35g. Fett:27,05g.
µg. - Ph:238,14 Na:114,37 Ka:245,93 Mg:71,98 Ca:61,45 Fe:3,58 Zn:2,63 Col.:108 Hsr.:79,81

Zutaten:
Hafer Schrot 1 Tasse / 120g. (ja)
Ingwer frisch 1/2 TL / 1g. (ja)
Salz 1 Prise / 1g. (wenig)
Zwiebel Frühlingszwiebel 2 Stück / 40g. (ja)
Huhn Ei 1 Stück / 55g. (ja)
Butter Bio 1 EL / 15g. (ja)
Sojasauce 1 Schuss / 3g. (ja)

Kochanleitung:
Haferschrot über Nacht einweichen. Am Morgen mit etwas Ingwer, Salz und einer Frühlingszwiebel oder Lauch aufkochen und dann quellen lassen, bis der Brei weich ist. Vor dem Servieren ein ganzes Ei untermengen, Butter zugeben und nach Geschmack mit etwas

Sojasoße würzen. Empfehlung: besonders geeignet für die kalte Jahreszeit

3.54 Hüttenkäse mit gedünstetem Obst

Gut bei Appetitlosigkeit, Schluckstörungen, schwacher Verdauung, harntreibend.

Anzahl Portionen: 2
Kalorien p. Portion 215
Gramm p. Portion 250
Kochdauer ca. 20 Min.
Allergene: G
(Kohlehydrat:40,48% / Eiweiß & Fett:59,52%)
100g.≈ Eiweiß 18,45g. Fett:6,4g.
µg. - Ph:44,6 Na:114,5 Ka:50,9 Mg:3,7 Ca:25,6 Fe:0,11 Zn:0,09 Col.:0,64 Hsr.:3

Zutaten:
Hüttenkäse 300 g. / 300g. (ja)
Apfel (sauer) 1 Stück / 100g. (empfehlenswert)
Birne 1 Stück / 100g. (empfehlenswert)

Kochanleitung:
Äpfel und Birnen gut waschen, mit Schale klein schneiden und in einem Topf mit Dämpfsieb bissfest garen. Herausnehmen und auskühlen lassen. Hüttenkäse anrichten und Obst darauf verteilen.

3.55 Joghurt mit Honig und Nüssen

Lindert Schmerzen, entgiftet, bakterizid, fördert Wundheilung. Gut bei akuter oder chronischer Verstopfung des Darmes. Löst Steine.

Anzahl Portionen: 1
Kalorien p. Portion 258
Gramm p. Portion 167
Kochdauer ca. 5 Min.
Allergene: GH
(Kohlehydrat:61% / Eiweiß & Fett:39%)
100g.≈ Eiweiß 6,79g. Fett:12,43g.
µg. - Ph:107,54 Na:38,83 Ka:167,29 Mg:19,4 Ca:104,46 Fe:0,49 Zn:0,54 Col.:10,48 Hsr.:2,16

Zutaten:
Joghurt (natur, 3,5 % Fett) 125 g. / 125g. (ja)
Honig 2 EL / 30g. (ja)
Walnüsse 1 EL / 12g. (empfehlenswert)

Kochanleitung:
Joghurt mit Honig und feingehackten Nüssen mischen.

3.56 Kaffee

Harntreibend, regt Appetit an, entgiftet, erhöht Blutzucker, harmonisiert Herz-Rhythmus.

Anzahl Portionen: 1
Kalorien p. Portion 16
Gramm p. Portion 129
Kochdauer ca. 5 Min.
Allergene:
(Kohlehydrat:99,75% / Eiweiß & Fett:0,25%)
100g.≈ Eiweiß 0,01g. Fett:0g.
µg. - Ph:0,08 Na:0,97 Ka:2,62 Mg:1,16 Ca:4,76 Fe:0,03 Zn:0,09 Col.:0 Hsr.:3,91

Zutaten:

Kaffee 1 EL / 5g. (ja)
Wasser 1 Tasse / 120g. (ja)
Zucker (weiß, aus Rüben) 1 TL / 4g. (wenig)

Kochanleitung:

Je nach Geschmack einen Filterkaffee, Espresso oder türkischen Kaffee zubereiten.

3.57 Kalte Kirschsuppe mit Quarkklößchen

Fördert die Durchblutung, lindert Entzündungen, abführend, stärkende Wirkung auf die Verdauung, reinigt und beruhigt den Darm. Gut bei Körperschwäche, Magendruck, Aufstoßen, Diabetes, akute oder chronische Verstopfung.

Anzahl Portionen: 2
Kalorien p. Portion 320
Gramm p. Portion 314,5
Kochdauer ca. 2 Stunden und Allergene:..GO
(Kohlehydrat:69,75% / Eiweiß & Fett:30,25%)
100g.≈ Eiweiß 7,98g. Fett:15,19g.
µg. - Ph:24,08 Na:6,18 Ka:60,77 Mg:5,2 Ca:21,84 Fe:0,17 Zn:0,05 Col.:1,47 Hsr.:4,76

Zutaten:

Kirschenkompott 450 g. / 450g. (ja)
Agar-Agar, Agartang 1/2 TL / 1,5g. (ja)
Topfen (Quark) 20% 100 g. / 100g. (empfehlenswert)
Sauerrahm 15% Fett 50 g. / 50g. (ja)
Vanillezucker natur 1 Paket / 1g. (ja)
Zucker braun 1 EL / 10g. (wenig)
Zimtpulver 1 Prise / 0,5g. (ja)
Zitrone Schale 1 Prise / 1g. (ja)
Wasser 2 EL / 15g. (ja)

Kochanleitung:
Kirschkompott abseihen. Die Hälfte der Kirschen und den Kirschsaft mit dem Mixer fein pürieren und durch ein Sieb streichen. Das Agar-Agar-Pulver mit 2 EL kalten Wasser glatt rühren und das Kirschpüree unter Rühren zum Kochen bringen. Agar-Agar-Lösung untermischen und das Kirschpüree 1 Min. unter Rühren leicht kochen lassen. Heißes Kirschpüree auf zwei Suppenteller verteilen und die restlichen Kirschen in die Suppe geben. Kirschsuppe 2 Std. kalt stellen, bis sie leicht geliert. Mit dem Handmixer Quark, Sauerrahm, Zucker, Vanillezucker, Zimt und Zitronenschale zu einer glatten, festen Creme rühren. Aus der Creme mit dem Esslöffel kleine Klößchen stechen und in die Kirschsuppe setzen.

3.58 Karottendrink

Stärkt Milz und Leber, senkt Blutdruck, bakterizid, stärkt Immunsystem, beugt Krebs vor, reduziert Strahlenverletzungen, harntreibend, aufbauend, augenstärkend, entgiftend, gewebe- und nervenstärkend.

Anzahl Portionen: 1
Kalorien p. Portion 143
Gramm p. Portion 265
Kochdauer ca. 15 Min.
Allergene: H
(Kohlehydrat:81% / Eiweiß & Fett:19%)
100g.≈ Eiweiß 3,78g. Fett:2,5g.
µg. - Ph:43,4 Na:22,3 Ka:117,79 Mg:18,2 Ca:36,26 Fe:1,83 Zn:0,55 Col.:0 Hsr.:17,98

Zutaten:
Hirseflocken 1 EL / 10g. (ja)
Karotte (Mohrrübe, Möhre) 400 g. / 200g. (empfehlenswert)
Mandelmus 1 TL / 3g. (ja)
Honig 1/2 TL / 2g. (ja)
Wasser 50 ml. / 50g. (ja)

Kochanleitung:
Hirseflocken mit 50 ml kaltem Wasser übergießen und 10 Min. quellen lassen. Die frischen Karotten entsaften oder 200 ml Karottensaft verwenden. Hirseflocken, Karottensaft, Mandelmus und Honig mit dem Mixer fein pürieren.

3.59 Karotten-Hirse-Auflauf mit Apfelkompott

Stärkt Milz und Leber, senkt Blutdruck, bakterizid, stärkt Immunsystem, beugt Krebs vor, reduziert Strahlenverletzungen, beruhigt Nerven und Magen, harntreibend. Gut bei chronischer Verstopfung.

Anzahl Portionen: 7
Kalorien p. Portion 349
Gramm p. Portion 347,86
Kochdauer ca. 1 Stunde
Allergene: CGH
(Kohlehydrat:64% / Eiweiß & Fett:36%)
100g.≈ Eiweiß 12,54g. Fett:12,54g.
µg. - Ph:1,79 Na:0,66 Ka:2,7 Mg:0,54 Ca:1,07 Fe:0,03 Zn:0,01 Col.:0,83 Hsr.:0,28

Zutaten:
Hirse 200 g / 200g. (ja)
Kuhmilch (Vollmilch 3,5 % Fett) 500 ml / 450g. (ja)
Zitrone Schale 1/2 Stück / 2g. (ja)
Zucker braun 2 EL / 20g. (wenig)
Karotte (Mohrrübe, Möhre) 400 g. / 400g. (empfehlenswert)
Ingwer frisch 2 TL / 6g. (ja)
Acerola Fruchtnektar oder Pulver 1 TL / 2g. (ja)
Mandelmus 50 g. / 50g. (ja)
Huhn Ei 4 Stück / 240g. (ja)
Joghurt (natur, 1,5 % Fett) 150 g. / 150g. (empfehlenswert)
Butter Bio 1 TL / 4g. (ja)
Apfel (sauer) 4 Stück / 600g. (empfehlenswert)
Wasser 300 ml. / 300g. (ja)
Nelke 2 Stück / 1g. (ja)
Zucker braun 1 EL / 10g. (wenig)

Kochanleitung:
Backofen auf 100 Grad (Umluft 8o Grad, Gas Stufe 2) vorheizen. Die Hirse mit Milch, Zitronenschale und Zucker zum Kochen bringen. Zugedeckt 5 Min. leicht köcheln lassen und dann zugedeckt im vorgeheizten Ofen 20 Min. ausquellen lassen. Ofen auf mittlere Hitze schalten. Äpfel schälen und in kleine Stücke schneiden und mit Wasser, Nelken und Zucker etwa 5 Min. kochen. In einer Schüssel die Hirse mit den geriebenen Karotten, dem feingehackten Ingwer und Acerola vermischen. Mandelmus (oder Butter) mit dem Handrührgerät verrühren. Eigelb dazugeben und alles zu einer glatten Creme rühren. Sauerrahm, Hirse und Karotten untermischen. Eiweiß sehr steif schlagen und unter die Hirsemasse heben. Eine Auflaufform mit Butter ausstreichen, die Hirsemasse einfüllen und im vorgeheizten Ofen bei milder Hitze 45 Min. backen. Mit dem Apfelkompott servieren.

3.60 Karotten-Kartoffel-Rucola Brötchen

Lindert Entzündungen, verbessert Verdauung, harntreibend, senkt Cholesterinspiegel, stärkt Immunsystem, beugt Krebs vor, löst Verstopfung (ballaststoffreich), löst Stagnation.

Anzahl Portionen: 4
Kalorien p. Portion 94
Gramm p. Portion 116,25
Kochdauer ca. 20 Min.
Allergene: AG
(Kohlehydrat:55% / Eiweiß & Fett:45%)
100g.≈ Eiweiß 2,68g. Fett:2,83g.
µg. - Ph:4,15 Na:4,56 Ka:16,7 Mg:1,23 Ca:1,78 Fe:0,06 Zn:0,03 Col.:0,25 Hsr.:1,27

Zutaten:
Kartoffel (mehlige) 200 g / 200g. (ja)
Karotte (Mohrrübe, Möhre) 1 Stück / 50g. (empfehlenswert)
Sauerrahm 15% Fett 3 EL / 45g. (ja)
Zwiebel Frühlingszwiebel 1 Stück / 20g. (ja)
Rucola Rauke 1/2 Bund / 100g. ()
Zitrone Schale 1/4 TL / 1g. (ja)
Salz 1 Prise / 1g. (wenig)
Pfeffer gemahlen 1 Prise / 0,2g. ()
Vollkornbrot 8 Scheiben / 48g. (empfehlenswert)

Kochanleitung:
Kartoffeln in der Schale weich kochen, abziehen und durch die Kartoffelpresse drücken. Gemüsebrühe nach Grundrezept kochen und eine Karotte nach kurzer Garzeit herausnehmen und mit der Gabel fein zerdrücken. Kartoffeln, Karotten, abgeriebene Zitronenschale und Sauerrahm zu einer glatten Creme verrühren. Karotten-Kartoffel-Creme mit fein geschnittenem Rucola verrühren. Den Aufstrich mit Salz und Pfeffer abschmecken und die Brote bestreichen. Mit den fein geschnittenen Jungzwiebeln bestreuen.

3.61 Karottensuppe

Stärkt Milz und Leber, senkt Blutdruck, bakterizid, stärkt Immunsystem, fördert Durchblutung, regt Appetit und Leberfunktion an.

Anzahl Portionen: 4
Kalorien p. Portion 104
Gramm p. Portion 275,75
Kochdauer ca. 30 min.
Allergene: O
(Kohlehydrat:71% / Eiweiß & Fett:29%)
100g.≈ Eiweiß 2,47g. Fett:2,63g.
µg. - Ph:1,6 Na:1,04 Ka:5,89 Mg:0,68 Ca:1,62 Fe:0,07 Zn:0,02 Col.:0 Hsr.:2,36

Zutaten:
Karotte (Mohrrübe, Möhre) 500 g. / 500g. (empfehlenswert)
Pfeffer gemahlen 1 Prise / 0,5g. ()
Muskatnuss 1 Prise / 1g. (ja)
Salz 1 Prise / 1g. (wenig)
Weißwein 1/8 Liter / 125g. (wenig)
Orangensaft alternativ zum Wein / g. (ja)
Petersilie 2 EL / 10g. (ja)
Paprika (Rosenpaprikapulver) 1 Prise / 1g. (ja)
Thymian getrocknet alternativ zu Rosenpaprika / g. (ja)
Pinienkerne 1 EL / 15g. (ja)
Sonnenblumenkerne alternativ zu Pinienkerne / g. (ja)
Wasser 1/2 Liter / 450g. (ja)

Kochanleitung:
Karotten schälen, in große Stücke schneiden und in heißem Wasser gar kochen, danach pürieren. Mit gemahlenem Pfeffer, etwas Muskat und einer Prise Salz würzen. Einen Schuss Weißwein oder alternativ Orangensaft zugeben und einige weitere Minuten köcheln lassen. Rosenpaprika oder frischen Thymian unterrühren. Petersilie drüber streuen und vor dem Servieren mit gerösteten Pinien- oder Sonnenblumenkernen bestreuen.

3.62 Kartoffel-Basilikumsuppe

Lindert Entzündungen, fördert Verdauung, harntreibend, senkt Cholesterinspiegel und Blutdruck, bakterizid, stärkt Immunsystem, beugt Krebs vor, reduziert Strahlenverletzungen, antioxidativ, löst Stagnation.

Anzahl Portionen:	4
Kalorien p. Portion	96
Gramm p. Portion	330,12
Kochdauer ca.	25 min.
Allergene:	L

(Kohlehydrat:68,68% / Eiweiß & Fett:31,32%)
100g.≈ Eiweiß 3,24g. Fett:2,99g.
µg. - Ph:7,65 Na:13,39 Ka:52,12 Mg:2,43 Ca:11,65 Fe:0,11 Zn:0,01 Col.:0 Hsr.:7,59

Zutaten:
Wasser 500 ml / 450g. (ja)
Kartoffel 4 Stück / 200g. (ja)
Karotte (Mohrrübe, Möhre) 2 Stück / 100g. (empfehlenswert)
Sellerie Knolle 1 Stück / 500g. (empfehlenswert)
Pfeffer gemahlen 1 Prise / 0,5g. ()

Kümmel 1 Prise / 1g. (ja)
Knoblauch 1 Zehe / 3g. (ja)
Salz 1 Prise / 1g. (wenig)
Zitrone 1 TL / 3g. (ja)
Basilikum (frisch) 1 Bund / 50g. (ja)
Paprika (Rosenpaprikapulver) 1 Prise / 1g. (ja)
Zucker Ursüße (Zuckerrohr) süß 1 Prise / 1g. (wenig)
Olivenöl 1 EL / 10g. (ja)

Kochanleitung:
4 mittelgroße Kartoffeln, 2 mittelgroße Karotten und 1 Stück Knollensellerie geschält und kleingeschnitten in heißes Wasser geben und zusammen mit einer Prise Pfeffer und Salz, einer Prise gemahlenem Kümmel, einer kleinen zerdrückten Knoblauchzehe und 1 TL Zitronensaft köcheln, bis das Gemüse weich ist. Von 1 Bund Basilikum (fein gehackt) eine Hälfte in die Suppe geben und alles pürieren. Die andere Hälfte anschließend unterrühren und mit Rosenpaprika, einer Prise Vollrohrzucker, 1 EL Olivenöl oder Butter, frisch gemahlenem Pfeffer und Salz abschmecken.

3.63 Kartoffelcreme mit Kräuter-Frischkäse

Gut bei Appetitlosigkeit, Schluckstörungen, Verstopfung, Blähungen und Übelkeit. Verbessert Verdauung, harntreibend, beugt Krebs vor, stärkt Magensaftproduktion, löst Stagnation, entkrampft und beruhigt.

Anzahl Portionen:	2
Kalorien p. Portion	217
Gramm p. Portion	218,5
Kochdauer ca.	25 Min.
Allergene:	G

(Kohlehydrat:14% / Eiweiß & Fett:86%)
100g.≈ Eiweiß 8,76g. Fett:11,22g.
µg. - Ph:18,66 Na:18,04 Ka:73,64 Mg:4,87 Ca:13,9 Fe:0,13 Zn:0,09 Col.:4,84 Hsr.:2,24

Zutaten:
Kartoffel (mehlige) 250 g. / 250g. (ja)
Frischkäse 80 g. / 80g. (ja)
Joghurt (natur, 1,5 % Fett) 3 EL / 45g. (empfehlenswert)
Lauchzwiebel Schnittlauch 1/2 Bund / 50g. (ja)
Basilikum (frisch) 1 TL / 4g. (ja)
Petersilie 1 TL / 4g. (ja)
Dill 1/2 TL / 2g. (ja)
Salz 1 Prise / 1g. (wenig)
Schwarzkümmel 1 Prise / 0,5g. (ja)
Pfeffer gemahlen 1 Prise / 0,5g. ()

Kochanleitung:
Kartoffeln in der Schale weich kochen, abziehen und durch die Kartoffelpresse drücken. Frischkäse, Joghurt und Kräuter unter die Kartoffeln mischen und mit Salz, zerstoßenem Schwarzkümmel und Pfeffer abschmecken.

3.64 Kartoffel-Gnocchi mit Gemüse und Basilikumsoße

Stärkt Immunsystem, fördert Gewichtsabnahme, entkrampft, beruhigt. Gut bei Abwehrschwäche, Appetitlosigkeit, Blähungen, Bluthochdruck.

Anzahl Portionen: 4
Kalorien p. Portion 166
Gramm p. Portion 290,25
Kochdauer ca. 1 Stunde
Allergene: ACGL
(Kohlehydrat:75% / Eiweiß & Fett:25%)
100g.≈ Eiweiß 6,54g. Fett:4,63g.
µg. - Ph:3,26 Na:1,11 Ka:13,57 Mg:2,45 Ca:9,39 Fe:0,06 Zn:0,02 Col.:1,36 Hsr.:1,49

Zutaten:
Kartoffel 250 g. / 250g. (ja)
Weizen Mehl 25 g. / 25g. (ja)
Weizen Gries 15 g. / 15g. (ja)
Huhn Eigelb 1 Stück / 20g. (wenig)
Muskatnuss 1 Prise / 0,2g. (ja)
Grundrezept für eine Gemüsebrühe nahrhaft 250 ml. / 250g. (ja)
Sellerie Knolle 50 g. / 50g. (empfehlenswert)
Zitrone Schale 1/2 TL / 2g. (ja)
Ingwer frisch 1/2 TL / 2g. (ja)
Muskatnuss 1 Prise / 0,2g. (ja)
Basilikum (frisch) 1 Bund / 125g. (ja)
Creme fraiche 1 EL / 20g. (ja)
Salz 1 Prise / 1g. (wenig)
Pfeffer gemahlen 1 Prise / 0,2g. ()
Karotte (Mohrrübe, Möhre) 100 g. / 100g. (empfehlenswert)
Zucchini 100 g. / 100g. (empfehlenswert)
Blumenkohl (Karfiol) 100 g. / 100g. (empfehlenswert)
Brokkoli 100 g. / 100g. (empfehlenswert)
Salz 1 Prise / 1g. (wenig)

Kochanleitung:
Kartoffeln in der Schale weich dämpfen, abziehen und heiß durch die Kartoffelpresse drücken. Die heißen Kartoffeln mit Mehl, Grieß, Ei, Muskat und Salz zu einem glatten Teig verarbeiten. Teig 3o Min. ruhen

lassen. Aus dem Teig mit mehlbestäubten Händen kleine Röllchen (2 cm) formen und davon 1 cm dünne Scheibchen abschneiden. Damit die typische Gnocchiform entsteht, die Teigscheibchen mit dem Daumen etwas eindellen. Gnocchi in leicht kochendem Salzwasser 6-8 Min. ziehen lassen und mit dem Schaumlöffel aus dem Topf heben. Gemüsebrühe zum Kochen bringen. Würfelig geschnittenen Sellerie, geriebene Zitronenschale, feingehackten Ingwer und eine gute Prise Muskat zufügen. Zugedeckt ca. 10 Min. köcheln lassen und alles zusammen mit gehacktem Basilikum und der Crème fraîche mit dem Mixstab zu einer glatten Soße pürieren. Mit Salz und Muskat abschmecken. Karotten, Zucchini, Blumenkohl und Brokkoli kleinschneiden und zugedeckt in einem Siebeinsatz über Wasserdampf in 8 Min. bissfest garen. Soße nochmals erhitzen, zum Gemüse geben und über den Gnocchi anrichten.

3.65 Kartoffeln mit Quark-Soße

Verbessert Verdauung, harntreibend, senkt Cholesterinspiegel. Gut bei Körperschwäche, Magendruck, Aufstoßen, Diabetes, akute oder chronische Verstopfung des Darmes, Hautproblemen, gegen Blähungen, krampflösend bei Magen-Darm-Beschwerden.

Anzahl Portionen:	6
Kalorien p. Portion	413
Gramm p. Portion	323,33
Kochdauer ca.	45 Min.
Allergene:	G

(Kohlehydrat:38% / Eiweiß & Fett:62%)
100g.≈ Eiweiß 18,46g. Fett:35,24g.
µg. - Ph:3,26 Na:1,14 Ka:7,47 Mg:0,69 Ca:2,52 Fe:0,01 Zn:0,02 Col.:0,18 Hsr.:0,32

Zutaten:
Kartoffel 1 Kg / 1000g. (ja)
Topfen (Quark) 20% 500 g. / 500g. (empfehlenswert)
Sahne, süß 30% 200 g / 200g. (wenig)
Edamer 80 g. / 80g. (ja)
Dill 1 Bund / 100g. (ja)
Maiskeimöl 1 TL / 3g. (empfehlenswert)
Pfeffer gemahlen 1 Prise / 0,2g. ()
Salz 1/2 TL / 1g. (wenig)
Sonnenblumenkerne 40 g. / 40g. (ja)

Kochanleitung:
Die Kartoffeln waschen und in reichlich Wasser ca. 20 Min. garen. Den Quark mit der Sahne und dem Käse cremig rühren. Die Sprossen waschen und fein hacken. Mit dem gehackten Dill unterrühren (für das

Baby 150 g Quark mit dem Öl verrühren). Den Rest mit Pfeffer, Salz und den Sonnenblumenkernen verrühren. Die Kartoffeln schälen, (für das Baby 200 g) und mit dem Quark anrichten.

3.66 Kohlrabi in Kerbelsoße mit Kartoffeln

Lindert Entzündungen, senkt Cholesterinspiegel, harntreibend, leitet Darmwinde ab, stärkt Immunsystem, beugt Krebs vor, fördert Gewichtsabnahme. Gut bei Appetitlosigkeit, Blähungen, Bluthochdruck, Depressionen, Diabetes, Durchfall.

Anzahl Portionen:	4
Kalorien p. Portion	188
Gramm p. Portion	316,85
Kochdauer ca.	1 Stunde
Allergene:	GL

(Kohlehydrat:79,34% / Eiweiß & Fett:20,66%)
100g.≈ Eiweiß 8,67g. Fett:2,51g.
µg. - Ph:11,79 Na:4,12 Ka:100,2 Mg:13,9 Ca:60,61 Fe:0,16 Zn:0,02 Col.:0,06 Hsr.:3,63

Zutaten:
Kartoffel 6 Stück / 450g. (ja)
Grundrezept für eine Gemüsebrühe nahrhaft 300 ml. / 300g. (ja)
Kartoffel 100 g. / 100g. (ja)
Muskatnuss 1 Prise / 0,2g. (ja)
Zitrone Schale 1/2 TL / 2g. (ja)
Ingwer frisch 1/2 TL / 2g. (ja)
Liebstöckel 1/2 TL / 2g. (ja)
Kohlrabi 300 g. / 300g. (empfehlenswert)
Salz 1 Prise / 1g. (wenig)
Pfeffer gemahlen 1 Prise / 0,2g. ()
Sauerrahm 15% Fett 3 EL / 30g. (ja)
Kerbel getrocknet 1 Bund / 80g. (ja)

Kochanleitung:
Die 6 Kartoffeln in Salzwasser weich kochen. Die Hälfte der Gemüsebrühe zum Kochen bringen. 100G gewürfelte Kartoffeln, Muskat, Zitronenschale, Ingwer und Liebstöckel dazugeben. Kartoffeln zugedeckt ca. 10 Min. weich kochen und alles mit dem Mixstab zu einer glatten Soße pürieren. Restliche Gemüsebrühe zum Kochen bringen. Kohlrabi in Würfel schneiden, zufügen und zugedeckt ca. 8 Min. kochen. Die Kartoffelsoße unterrühren und alles kurz erhitzen. Mit dem Mixstab Kerbel und Sauerrahm fein pürieren. Die Kerbelcreme mit dem Kohlrabigemüse vermischen und mit den gekochten und geschälten Kartoffeln anrichten.

3.67 Kompott aus einheimischem Obst und Trockenfrüchten

Fördert Verdauung und Durchblutung, harntreibend, stoppt Durchfall, regt Appetit an, erwärmt Magen und Milz.

Anzahl Portionen: 4
Kalorien p. Portion 45
Gramm p. Portion 200,5
Kochdauer ca. 15 Min.
Allergene:
(Kohlehydrat:94% / Eiweiß & Fett:6%)
100g.≈ Eiweiß 0,3g. Fett:0,3g.
µg. - Ph:0,3 Na:0,1 Ka:3,15 Mg:0,19 Ca:0,4 Fe:0,01 Zn:0,01 Col.:0 Hsr.:0,35

Zutaten:
Apfel (süß) 1 Stück / 150g. (empfehlenswert)
Birne 1 Stück / 150g. (empfehlenswert)
Zimtpulver 1 Prise / 0,2g. (ja)
Zitrone Schale 1/2 TL / 2g. (ja)
Wasser 1/2 Liter / 500g. (ja)

Kochanleitung:
Den Apfel und die Birne mit den Trockenfrüchten weich kochen und mit Zimt und Zitronenschale (bio) bestreuen.

3.68 Kürbiscurry

Fördert Verdauung und Schwitzen, löst Stagnation, reduziert Wind, stärkt Lunge und Milz, reduziert Blutzucker, stärkt Magen, Verdauungssystem, Muskeln und Knochen, ist harntreibend und entgiftend.

Anzahl Portionen: 3
Kalorien p. Portion 193
Gramm p. Portion 251
Kochdauer ca. 20 Min.
Allergene:
(Kohlehydrat:63% / Eiweiß & Fett:37%)
100g.≈ Eiweiß 2,72g. Fett:10,61g.
µg. - Ph:5,14 Na:0,86 Ka:16,34 Mg:2,68 Ca:2,29 Fe:0,06 Zn:0,02 Col.:0 Hsr.:1,54

Zutaten:
Kürbis 300 g. / 300g. (ja)
Olivenöl 2 EL / 30g. (ja)
Koriander 1 Prise / 1g. (ja)
Pfeffer gemahlen 1 Prise / 0,5g. ()
Curry 1 Prise / 1g. (ja)
Wasser 50 ml / 50g. (ja)

Salz 1 Prise / 1g. (wenig)
Petersilie 1 EL / 7g. (ja)
Kardamom 1 Prise / 1g. (ja)
Kurkuma (Gelbwurz) 1 Prise / 1g. (ja)
Reis Vollkorn 1/2 Tasse / 60g. (empfehlenswert)
Wasser 3 Tassen / 300g. (ja)
Salz 1 Prise / 1g. (wenig)

Kochanleitung:
Olivenöl in einer Pfanne erhitzen, in Würfel geschnittenen Kürbis darin andünsten, mit Koriander, Pfeffer und Curry würzen und mit wenig Wasser ablöschen. Meersalz zufügen, klein geschnittene Petersilie zugeben und mit Kardamom und Kurkuma abrunden. Auf kleinem Feuer ca. 10 Min. je nach Kürbisart köcheln; er sollte noch bissfest sein. Den Reis in gesalzenem Wasser aufkochen und auf kleiner Stufe ca. 15 Min. quellen lassen.

3.69 Kürbis-Joghurt-Suppe

Befeuchtet, entspannt, senkt Blutdruck, stärkt Immunsystem, fördert Gewichtsabnahme. Gut bei Abwehrschwäche, Appetitlosigkeit, Blähungen, Depressionen, Diabetes, Durchfall.

Anzahl Portionen:	4
Kalorien p. Portion	68
Gramm p. Portion	239
Kochdauer ca.	15 Min.
Allergene:	GL

(Kohlehydrat:82,83% / Eiweiß & Fett:17,17%)
100g.≈ Eiweiß 2,37g. Fett:1,31g.
µg. - Ph:7,17 Na:3,58 Ka:26,41 Mg:11,21 Ca:43,83 Fe:0,07 Zn:0,01 Col.:0,05 Hsr.:1,4

Zutaten:
Grundrezept für eine Gemüsebrühe nahrhaft 300 ml. / 300g. (ja)
Hokkaidokürbis 500 g. / 500g. (ja)
Ingwer frisch 1/2 TL / 2g. (ja)
Fenchelsamen gemahlen 1/2 TL / 1g. (ja)
Anis (gemeiner Fenchel) 1/4 TL / 1g. (ja)
Joghurt (natur, 1,5 % Fett) 150 g. / 150g. (empfehlenswert)
Pfefferminze 2 Blätter / 1g. (ja)
Salz 1 Prise / 1g. (wenig)

Kochanleitung:
Gemüsebrühe (nach Grundrezept) zum Kochen bringen. Gewürfelten Kürbis, kleingehackten Ingwer, zerstoßene Fenchelsamen und Anis dazugeben und Suppe zugedeckt ca. 12 Min. köcheln lassen, bis der

Kürbis weich ist und dann vom Herd nehmen. Mit dem Mixstab die Suppe mit dem Joghurt fein pürieren und mit feingehackter Minze bestreut servieren.

3.70 Kürbisschnitzel mit Gewürzreis

Stärkt Lunge und Milz, harntreibend, reduziert Blutzucker, schützt und harmonisiert Leber, befeuchtet Darm, kühlt innere Hitze. Zur Entwässerung des Körpers bei Übergewicht und Bluthochdruck.

Anzahl Portionen:	4
Kalorien p. Portion	438
Gramm p. Portion	260,52
Kochdauer ca.	45 Min.
Allergene:	AG

(Kohlehydrat:59,16% / Eiweiß & Fett:40,84%)
100g.≈ Eiweiß 4,2g. Fett:27,78g.
µg. - Ph:19,2 Na:5,08 Ka:46,56 Mg:8,07 Ca:12,07 Fe:0,16 Zn:0,02 Col.:0,25 Hsr.:5,34

Zutaten:
Butterschmalz 1/2 EL / 5g. (wenig)
Safran 1 Briefchen / 0,1g. (ja)
Kurkuma (Gelbwurz) 1 TL / 2g. (ja)
Reis Basmatireis 1 Tasse / 120g. (ja)
Wasser 1 Tasse / 120g. (ja)
Salz 1/2 TL / 2g. (wenig)
Kürbis 6-8 Scheiben / 400g. (ja)
Gerstenmehl 1 Tasse / 10g. (ja)
Brösel (Weizenbrot, Semmel) 1 Tasse / 10g. (ja)
Salz 1/2 TL / 2g. (wenig)
Pfeffer gemahlen 1 Prise / 1g. ()
Butter Bio 1 EL / 10g. (ja)
Sahne, süß 30% 1 1/2 Becher / 300g. (wenig)
Gerstenmehl 2 EL / 20g. (ja)
Lauchzwiebel Schnittlauch 3 EL / 20g. (ja)
Dill 3 EL / 20g. (ja)

Kochanleitung:
Das Fett in einem kleinen Topf schmelzen, Safran und Kurkuma hinzufügen und etwa 1-2 Min. bei mittlerer Hitze leicht rösten, damit die Aromen sich entfalten (Achtung: Die Gewürze dürfen auf keinen Fall verbrennen!). Den Reis zufügen und etwa 2 Min. unter ständigem Rühren braten. Salzen, Wasser dazugießen, umrühren und den Topf mit einem Deckel verschließen. Bei schwacher bis mittlerer Hitze kochen lassen, bis das Wasser fast vollständig aufgesogen ist, dann vom Herd nehmen und mit geschlossenem Deckel beiseite stellen und

quellen lassen. Nicht mehr umrühren! Wenn das Wasser vollständig aufgesogen ist, ist der Reis fertig! Mehl, Semmelbrösel, Salz und Pfeffer verrühren. Die Kürbisscheiben mit Wasser oder verrührtem Ei anfeuchten, die Scheiben in der Mehlmischung wenden und vorsichtig in Butter braten, bis sie goldbraun sind und der Kürbis weich ist. In einem kleinen Topf die Butter schmelzen, Gerstenmehl darin bräunen und vom Herd nehmen. Die saure Sahne einrühren, salzen, pfeffern und die gehackten Kräuter unterziehen. Die Soße über die gebratenen Kürbisscheiben geben. Dazu den Reis servieren.

3.71 Kürbissuppe

Fördert Verdauung, stärkt Magen und Milz, senkt Blutdruck, bakterizid, stärkt Immunsystem, beugt Krebs vor, reduziert Strahlenverletzungen, regeneriert Haut, senkt Cholesterinspiegel, senkt Blutzucker, schützt Leber.

Anzahl Portionen:	3
Kalorien p. Portion	104
Gramm p. Portion	236,33
Kochdauer ca.	1 Stunde
Allergene:	

(Kohlehydrat:71% / Eiweiß & Fett:29%)
100g.≈ Eiweiß 2,54g. Fett:3,64g.
µg. - Ph:4,02 Na:0,96 Ka:24,72 Mg:1,82 Ca:2,89 Fe:0,08 Zn:0,02 Col.:0 Hsr.:1,08

Zutaten:
Kürbis 300 g. / 300g. (ja)
Karotte (Mohrrübe, Möhre) 2 Stück / 100g. (empfehlenswert)
Kartoffel 2 Stück / 120g. (ja)
Olivenöl 1 EL / 10g. (ja)
Zwiebel weiss 1 Stück / 50g. (ja)
Wasser 1 Tasse / 120g. (ja)
Petersilie 1 EL / 7g. (ja)
Anis (gemeiner Fenchel) 1 Prise / 1g. (ja)
Salz 1 Prise / 1g. (wenig)

Kochanleitung:
Olivenöl in einer Pfanne erhitzen. In Würfel geschnittenen Kürbis, gewürfelte Karotten und Kartoffeln dazugeben und kurz anbraten. Klein geschnittene Zwiebel zugeben, mit Wasser auffüllen (Gemüse mindestens drei fingerbreit bedecken), aufkochen und leise köcheln lassen. Mit Meersalz und einer Prise Anis würzen, klein geschnittene Petersilie dazugeben. Alles zusammen ca. 35 Min. köcheln lassen. Anschließend die Suppe pürieren und evtl. Wasser zugeben, je nach Konsistenz.

3.72 Lachs auf Tomaten-Spinat

Nährt und stärkt Blut, fördert Ausscheidung, fördert Durchblutung, stärkt Magen-Darm-Funktion, lindert Entzündungen, regeneriert Haut, harntreibend, senkt Cholesterinspiegel, fördert Schwitzen, löst Stagnation.

Anzahl Portionen: 6
Kalorien p. Portion 365
Gramm p. Portion 354,58
Kochdauer ca. 1 Stunde
Allergene: D
(Kohlehydrat:27,24% / Eiweiß & Fett:72,76%)
100g.≈ Eiweiß 29,54g. Fett:29,9g.
µg. - Ph:19,28 Na:7,43 Ka:53,46 Mg:5,01 Ca:8,25 Fe:0,27 Zn:0,01 Col.:0,28 Hsr.:12,16

Zutaten:
Kartoffel 500 g. / 500g. (ja)
Salz 1 Prise / 1g. (wenig)
Lachs 600 g. / 600g. (empfehlenswert)
Rapsöl 2 TL / 24g. (empfehlenswert)
Tomate 100 g. / 100g. (empfehlenswert)
Spinat 700 g. / 700g. (ja)
Salz 1 Prise / 1g. (wenig)
Pinienkerne 4 EL / 40g. (ja)
Lauch (Porree) 120 g. / 120g. (ja)
Olivenöl 4 EL / 40g. (ja)
Salz 1 Prise / 1g. (wenig)
Pfeffer weiss (gemahlen) 1 Prise / 0,5g. (ja)

Kochanleitung:
Kartoffeln schälen, würfelig schneiden und in Salzwasser gar kochen. Den Lachs in Portionen schneiden und in einer Pfanne von beiden Seiten, leicht mit Salz und Pfeffer gewürzt langsam und gleichmäßig braten, später die Pinienkerne dazugeben und leicht anrösten. Spinat in Salzwasser blanchieren, den klein geschnittenen Lauch mit etwas Rapsöl leicht anschwitzen, den blanchierten Spinat dazugeben und gleichmäßig erwärmen. Kurz vor dem Anrichten die halbierten Cocktailtomaten zum Spinat geben und das Gemüse gut mit Salz und Pfeffer abschmecken. Das Spinat-Lauch-Tomaten-Bett mit den Kartoffeln anrichten, den Lachs dazugeben und die gesalzenen Pinienkerne darauf streuen. Das Gericht mit wenig Olivenöl beträufeln und servieren.

3.73 Lasagne mit Tofucreme

Harmonisiert Milz und Magen, lindert Blähungen, schont die Verdauungsorgane, wirkt bei Appetitlosigkeit, Darmentzündung, Magengeschwür, Rheuma, Sodbrennen, Zwölffingerdarmgeschwür.

Anzahl Portionen: 4
Kalorien p. Portion 301
Gramm p. Portion 231
Kochdauer ca. 45 Min.
Allergene: ACEG
(Kohlehydrat:49,88% / Eiweiß & Fett:50,12%)
100g.≈ Eiweiß 19,3g. Fett:11,86g.
µg. - Ph:35,07 Na:14,02 Ka:27,57 Mg:16,2 Ca:29,05 Fe:0,36 Zn:0,05 Col.:3,83 Hsr.:15,29

Zutaten:

Soja Tofu 400 g. / 400g. (ja)
Huhn Ei 2 Stück / 100g. (ja)
Zwiebel weiss 2 Stück / 120g. (ja)
Tomate 100 g. / 100g. (empfehlenswert)
Oregano getrocknet 1 Prise / 1g. (ja)
Majoran 1 Prise / 1g. (ja)
Paprika (Rosenpaprikapulver) 1 Prise / 1g. (ja)
Salz 1 Prise / 1g. (wenig)
Nudeln (Weizen, Lasagneblätter) mit Ei 150 g. / 150g. (ja)
Edamer 50 g. / 50g. (ja)

Kochanleitung:

Tofucreme: Tofu mit Eiern, Zwiebeln, kleinen Tomaten, Oregano, Majoran, Paprika und etwas Jodsalz mit einer Küchenmaschine mit Messereinsatz oder einem Pürierstab zu einer glatten Masse verarbeiten. Lasagne: In eine Auflaufform (ca. 25 x 15 cm) 1/5 der Tofucreme geben, mit 3 Lasagneblätter abdecken, diesen Vorgang noch 2 x wiederholen und abschließend das letzte Fünftel der Tofucreme über die Teigplatten streichen. Mit etwas geriebenem Edamer bestreuen und im Backofen bei 175 Grad ca. 30 Min. backen.

3.74 Lauch-Kartoffel-Gratin

Lindert Entzündungen, verbessert Verdauung, regeneriert Haut, harntreibend, senkt Cholesterinspiegel, fördert Schwitzen, löst Stagnation.

Anzahl Portionen: 4
Kalorien p. Portion 369
Gramm p. Portion 346,62
Kochdauer ca. 1 Stunde
Allergene: CGL

(Kohlehydrat:56,02% / Eiweiß & Fett:43,98%)
100g.≈ Eiweiß 7,74g. Fett:16,47g.
µg. - Ph:13,71 Na:22,43 Ka:58,34 Mg:4,33 Ca:15,37 Fe:0,17 Zn:0,03 Col.:1,24 Hsr.:5,68

Zutaten:
Kartoffel 500 g. / 500g. (ja)
Lauch (Porree) 500 g. / 500g. (ja)
Apfel (sauer) 1 Stück / 200g. (empfehlenswert)
Creme fraîche 125 g. / 125g. (ja)
Grundrezept für eine Gemüsebrühe nahrhaft 50 ml / 20g. (ja)
Huhn Eigelb 1 Stück / 20g. (wenig)
Emmentaler 2 EL / 20g. (ja)
Salz 1 Prise / 1g. (wenig)
Pfeffer gemahlen 1 Prise / 0,5g. ()

Kochanleitung:
Kartoffeln waschen, schälen, in sehr dünne Scheiben schneiden und trockentupfen. Die Hälfte in eine flache, gefettete Auflaufform geben. Lauch putzen, waschen und in feine Ringe schneiden. Apfel waschen, schälen und in dünne Scheiben schneiden. Lauch und Apfel auf die Kartoffeln verteilen und die restlichen Kartoffelscheiben darüberlegen. Crème fraîche, Eigelb, geriebenen Emmentaler, Salz und Pfeffer verrühren, evtl. noch etwas Gemüsebrühe dazugeben und über den Auflauf gießen. Bei 200 Grad im Backofen ca. 45 bis 50 Min. goldgelb backen. Nach 30 Min. mit Pergamentpapier abdecken, um ein Austrocknen des Gratins zu verhindern.

3.75 Linsen-Kastanien-Suppe mit Curry

Senkt Blutdruck, bakterizid, stärkt Immunsystem, beugt Krebs vor, reduziert Strahlenverletzungen, stärkt Magen, löst Stagnation, fördert Gewichtsabnahme. Gut bei Abwehrschwäche, Appetitlosigkeit, Blähungen, Bluthochdruck, Depressionen, Diabetes, Durchfall

Anzahl Portionen:	4
Kalorien p. Portion	175
Gramm p. Portion	238,25
Kochdauer ca.	45 Min.
Allergene:	LO

(Kohlehydrat:83% / Eiweiß & Fett:17%)
100g.≈ Eiweiß 4,17g. Fett:4,33g.
µg. - Ph:2,67 Na:3,8 Ka:7,98 Mg:4,63 Ca:15,86 Fe:0,06 Zn:0,02 Col.:0 Hsr.:2,07

Zutaten:
Linsen rot 150 g. / 150g. (ja)
Kastanien (Maronen) 150 g. / 150g. (ja)
Olivenöl 1 EL / 10g. (ja)

Curry 2 TL / 8g. (ja)
Kurkuma (Gelbwurz) 1 TL / 2g. (ja)
Grundrezept für eine Gemüsebrühe nahrhaft 1/2 Liter / 500g. (ja)
Weißwein 1/8 Liter / 125g. (wenig)
Salz Kräutersalz 1 Prise / 1g. (ja)
Anis (gemeiner Fenchel) 1 Prise / 1g. (ja)
Kardamom 1 Prise / 0,5g. (ja)
Petersilie 2 EL / 6g. (ja)

Kochanleitung:
Olivenöl in eine Pfanne geben, Kastanien darin kurz andünsten, Curry drüberstreuen, Linsen zugeben und mit Gemüsebrühe aufgießen. Ganz wenig Weißwein zugeben, Kurkuma untermischen, aufkochen lassen und rund 20 Min. köcheln lassen, bis die Kastanien weich sind. Anschließend die Suppe pürieren und abschmecken mit einer Prise Anis, Kardamom und Kräutersalz. Am Schluss klein geschnittene Petersilie drüberstreuen.

3.76 Mango-Bananen-Joghurt-Drink eiskalt

Harntreibend, stärkt Magen, beugt Krebs vor, reguliert Magen-Darm-Funktion. Gut bei Appetitlosigkeit, Mundschleimhautentzündung, chronischer Verstopfung.

Anzahl Portionen:	2
Kalorien p. Portion	121
Gramm p. Portion	226
Kochdauer ca.	5 Min.
Allergene:	G

(Kohlehydrat:86,93% / Eiweiß & Fett:13,07%)
100g.≈ Eiweiß 2,73g. Fett:1,05g.
µg. - Ph:15,94 Na:7,47 Ka:102,09 Mg:10,74 Ca:22,08 Fe:0,14 Zn:0,04 Col.:0,28 Hsr.:5,73

Zutaten:
Mangosaft 100 ml. / 100g. (ja)
Joghurt (natur, 1,5 % Fett) 100 g. / 100g. (empfehlenswert)
Mineralwasser 100 ml. / 100g. (ja)
Banane 1/2 Stück / 150g. (ja)
Acerola Fruchtnektar oder Pulver 1 TL / 2g. (ja)

Kochanleitung:
Alle Zutaten und 2-3 Eiswürfel im Mixer fein pürieren.

3.77 Marinierter Kabeljau auf Kürbispüree

Lindert Entzündungen, verbessert Verdauung, stärkt Milz, Lunge, Magen und Nieren, harntreibend, reduziert Blutzucker, löst Stagnation. Gut bei Verstopfung und Blähungen.

Anzahl Portionen: 4
Kalorien p. Portion 202
Gramm p. Portion 288,65
Kochdauer ca. 2 Stunden
Allergene: DG
(Kohlehydrat:49,4% / Eiweiß & Fett:50,6%)
100g.≈ Eiweiß 17,24g. Fett:5,13g.
µg. - Ph:21,61 Na:8,06 Ka:68,86 Mg:5,61 Ca:8,42 Fe:0,1 Zn:0,02 Col.:1,02 Hsr.:10,18

Zutaten:

Kartoffel 6 Stück / 400g. (ja)
Kürbis 200 g / 200g. (ja)
Zwiebel weiss 1 Stück / 50g. (ja)
Oregano getrocknet 1/2 TL / 1g. (ja)
Zitrone Saft 1/2 Stück / 15g. (ja)
Salz 1 Prise / 1g. (wenig)
Pfeffer gemahlen 1 Prise / 0,3g. ()
Creme fraiche 2 EL / 30g. (ja)
Joghurt (natur, 1,5 % Fett) 150 g. / 150g. (empfehlenswert)
Oregano getrocknet 1/4 TL / 1g. (ja)
Basilikum (frisch) 1/2 TL / 2g. (ja)
Kabeljau 300 g. / 300g. (empfehlenswert)
Salz 1 Prise / 1g. (wenig)
Pfeffer gemahlen 1 Prise / 0,3g. ()
Olivenöl 1 TL / 3g. (ja)

Kochanleitung:

Joghurt mit Oregano, Basilikum und Thymian vermischen. Fischfilets abwaschen, trockentupfen, in eine flache Form legen und mit der Marinade übergießen. 2 Std. im Kühlschrank durchziehen lassen. Kartoffeln in Salzwasser weich kochen und schälen. Gewürfelte Zwiebel in Öl glasig dünsten, den kleingewürfelten Kürbis zugeben und ca. 10 Min. braten. Oregano, Zitronensaft, Salz, Pfeffer und die Crème fraîche dazugeben und mit dem Mixstab pürieren. Fischfilets aus der Marinade nehmen, abtropfen lassen, trockentupfen und salzen. Eine beschichtete Grillpfanne mit 2 TL Öl bestreichen und die Fischfilets auf beiden Seiten je 3-4 Min. braten und mit den Kartoffeln auf dem Kürbispüree anrichten.

3.78 Misosuppe mit Tofu

Liefert Vitamine, Mineralien, Enzyme und sekundäre Pflanzenwirkstoffe. Alginsäure entgiftet den Darm, löst Stagnation. Belebt, entgiftet, stärkt das Immunsystem, fördert Verdauung, stärkt Magen, lindert Blähungen.

Anzahl Portionen: 3
Kalorien p. Portion 51
Gramm p. Portion 231,33
Kochdauer ca. 5 min.
Allergene: E
(Kohlehydrat:43,33% / Eiweiß & Fett:56,67%)
100g.≈ Eiweiß 4,44g. Fett:1,66g.
µg. - Ph:11,31 Na:58,1 Ka:19,06 Mg:5,88 Ca:7,16 Fe:0,06 Zn:0,01 Col.:0 Hsr.:3,33

Zutaten:

Wakame 1 Stück / 5g. (ja)
Miso 3-4 EL / 30g. (ja)
Soja Tofu 50 g. / 50g. (ja)
Wasser 1/2 Liter / 500g. (ja)
Sojasauce 1 Schuss / 3g. (ja)
Zwiebel Frühlingszwiebel 1/2 EL / 6g. (ja)

Kochanleitung:

Wasser, Sojakeimlinge, Wakamealge und in Würfel geschnittenen Tofu 5 Min. aufwärmen. Misopaste in Suppenteller geben und langsam mit heißer Suppe übergießen. Mit Tamari abschmecken. Eventuell Frühlingszwiebeln dazugeben.

3.79 Nudeln mit Putenfleisch und Ananas

Bakterizid, löst Gallen-, Nieren- und Blasensteine, liefert Vitamin C, stärkt Blut, baut Milz und Magen auf, stärkt Knochenmark, lindert Entzündungen, harntreibend.

Anzahl Portionen: 4
Kalorien p. Portion 292
Gramm p. Portion 333,12
Kochdauer ca. 45 Min.
Allergene: ACGL
(Kohlehydrat:53,34% / Eiweiß & Fett:46,66%)
100g.≈ Eiweiß 17,59g. Fett:11,45g.
µg. - Ph:22,17 Na:12,05 Ka:50,8 Mg:7,11 Ca:16,79 Fe:0,18 Zn:0,05 Col.:0,98 Hsr.:12,27

Zutaten:

Nudeln (Vollkorn) mit Ei 200 g / 200g. (empfehlenswert)
Ananas 200 g / 200g. (ja)
Wasser 100 ml. / 50g. (ja)
Pute Brustfleisch 200 g / 200g. (empfehlenswert)

Rapsöl 1 EL / 12g. (empfehlenswert)
Knoblauch 1 Stück / 2g. (ja)
Grundrezept für eine Gemüsebrühe nahrhaft 100 ml. / 100g. (ja)
Kuhmilch (Vollmilch 3,5 % Fett) 180 ml. / 180g. (ja)
Frischkäse 75 g. / 75g. (ja)
Curry 3 tl / 6g. (ja)
Salz 1 Prise / 1g. (wenig)
Pfeffer gemahlen 1 Prise / 0,5g. ()
Granatapfel 1 Stück / 300g. (ja)
Kokosflocken 1 EL / 6g. (ja)

Kochanleitung:
Die Nudeln in Salzwasser gar kochen. Die Ananas würfelig schneiden und 5 Min. in Wasser köcheln. Das in Streifen geschnittene Fleisch in Öl anbraten, den gehackten Knoblauch und die in Stücke geschnittene Ananas zufügen, etwa 50 ml vom Ananassaft zugeben und die Gemüsebrühe einrühren. Die Milch und den Frischkäse einrühren, bis er sich vollständig aufgelöst hat. Nun den Curry dazugeben und ein paar Minuten köcheln lassen, bis eine cremige Konsistenz erreicht ist. Mit Salz und Pfeffer abschmecken. Jetzt die Nudeln in die fertige Soße geben. Den Granatapfel aufschneiden und die Kerne auslösen. Beliebig viele Kerne auf den angerichteten Nudeln verteilen. Wer mag, kann Kokosraspeln darüber streuen.

3.80 Obstsaftgetränk

Stoppt Durchfall, fördert Verdauung, appetitanregend, harmonisiert Magen, lindert Schmerzen, entgiftet, bakterizid, senkt Blutdruck, stärkt Immunsystem, beugt Krebs vor, reduziert Strahlenverletzungen.
Anzahl Portionen: 2
Kalorien p. Portion 175
Gramm p. Portion 305
Kochdauer ca. 10 Min.
Allergene:
(Kohlehydrat:93% / Eiweiß & Fett:7%)
100g.≈ Eiweiß 1,89g. Fett:0,9g.
µg. - Ph:4,99 Na:2,24 Ka:37,45 Mg:2,36 Ca:6,04 Fe:0,21 Zn:0,05 Col.:0 Hsr.:4,3

Zutaten:
Orange 2 Stück / 150g. (ja)
Apfel (süß) 4 Stück / 300g. (empfehlenswert)
Karotte (Mohrrübe, Möhre) 2 Stück / 150g. (empfehlenswert)
Honig 1 EL / 10g. (ja)

Kochanleitung:
Orangen und Karotten schälen, alle Zutaten würfelig schneiden, damit sie in die Saftpresse passen und entsaften, mit Honig süßen.

3.81 Ofenkartoffeln mit Sellerie-Quark

Stärkt Milz, lindert Entzündungen, verbessert Verdauung, regeneriert die Haut, harntreibend, senkt Cholesterinspiegel.

Anzahl Portionen:	2
Kalorien p. Portion	304
Gramm p. Portion	398
Kochdauer ca.	30 Min.
Allergene:	GL

(Kohlehydrat:52% / Eiweiß & Fett:48%)
100g.≈ Eiweiß 15,61g. Fett:24,04g.
µg. - Ph:19,06 Na:6,87 Ka:59,91 Mg:7,16 Ca:24,85 Fe:0,1 Zn:0,08 Col.:1,01 Hsr.:3,76

Zutaten:
Sellerie Knolle 80 g. / 80g. (empfehlenswert)
Grundrezept für eine Gemüsebrühe nahrhaft 100 ml. / 100g. (ja)
Kümmel gemahlen 1 Prise / 0,2g. (ja)
Zitrone Schale 1/2 TL / 1g. (ja)
Salz 1 Prise / 1g. (wenig)
Pfeffer gemahlen 1 Prise / 0,2g. ()
Zitrone Saft 1 TL / 3g. (ja)
Topfen (Quark) 20% 200 g. / 200g. (empfehlenswert)
Creme fraîche 1/2 EL / 5g. (ja)
Kartoffel 6 Stück / 400g. (ja)
Olivenöl 2 TL / 5g. (ja)
Salz 1 Prise / 1g. (wenig)

Kochanleitung:
Sellerie-Quark: Sellerie in Gemüsebrühe (nach Grundrezept) mit Kümmel und Zitronenschale zum Kochen bringen und zugedeckt ca. 8 Min. köcheln lassen, bis er weich und die Gemüsebrühe fast verdampft ist. Dann alles mit Zitronensaft mit dem Mixstab fein pürieren, mit dem Quark glatt rühren und mit Salz und Pfeffer abschmecken.
Ofenkartoffel: Den Ofen auf 200 Grad vorheizen. Kartoffeln gut abbürsten, längs halbieren und mit der Schnittfläche nach oben nebeneinander auf ein Backblech setzen. Schnittflächen leicht salzen, mit Öl beträufeln und im Ofen ca. 25 Min. backen. Sellerie-Quark zu den Kartoffeln reichen.

3.82 Palatschinken mit Spinat und Parmesan

Stärkt Magen, Darm und Immunsystem. Gut bei Blähungen, Bluthochdruck, Diabetes, Verstopfung, Darmentzündung.

Anzahl Portionen: 6
Kalorien p. Portion 329
Gramm p. Portion 303
Kochdauer ca. 25 Min.
Allergene: ACGL
(Kohlehydrat:46% / Eiweiß & Fett:54%)
100g.≈ Eiweiß 17,5g. Fett:18,52g.
µg. - Ph:3,27 Na:3,24 Ka:6,47 Mg:0,96 Ca:4,52 Fe:0,05 Zn:0,02 Col.:1,32 Hsr.:1,02

Zutaten:
Vollkornmehl 100 g. / 100g. (empfehlenswert)
Weizen Mehl 100 g. / 100g. (ja)
Huhn Ei 4 Stück / 200g. (ja)
Kuhmilch (Vollmilch 3,5 % Fett) 400 ml. / 400g. (ja)
Salz 1 Prise / 1g. (wenig)
Sonnenblumenöl 1 EL / 15g. (ja)
Olivenöl 1 EL / 15g. (ja)
Zwiebel weiss 1 Stück / 50g. (ja)
Petersilie 1/2 Bund / 80g. (ja)
Grundrezept für eine Gemüsebrühe nahrhaft 150 ml. / 150g. (ja)
Basilikum (frisch) 1/4 TL / 1g. (ja)
Muskatnuss 1 Prise / 0,3g. (ja)
Creme fraiche 3 EL / 45g. (ja)
Spinat 600 g. / 600g. (ja)
Salz 1 Prise / 1g. (wenig)
Pfeffer gemahlen 1 Prise / 0,1g. ()
Parmesan 60 g. / 60g. (ja)

Kochanleitung:
Mehl, Eier, Milch und eine Prise Salz mit dem Schneebesen glatt rühren. Aus dem Teig Palatschinken auf beiden Seiten knusprig braun braten. Öl in einem kleinen Topf erhitzen und kleingeschnittene Zwiebel darin gut weich dünsten. Kleingehackte Petersilie unterrühren und kurz mitdünsten. Mit der Gemüsebrühe (nach Grundrezept) aufgießen, mit Basilikum und Muskat würzen und zugedeckt 15 Min. köcheln lassen. Crème fraîche zugeben und alles fein pürieren. Den gewaschenen tropfnassen Spinat mit etwas Salz in einem geschlossenen Topf bei mäßiger Hitze 3 Min. kochen, in einem Sieb abtropfen lassen und in kleine Stücke schneiden. Spinat in die Soße einrühren und kurz erhitzen. Parmesan untermischen. Die Palatschinken mit dem Rahmspinat füllen.

3.83 Paprika-Tomatenreis

Cholesterin-, eiweiß- und fettarm, stärkt Magen, löst Stagnation, fördert Gewichtsabnahme. Gut bei Abwehrschwäche, Appetitlosigkeit, Blähungen, Bluthochdruck, Diabetes, Depressionen.

Anzahl Portionen: 3
Kalorien p. Portion 291
Gramm p. Portion 324
Kochdauer ca. 25 Min.
Allergene: L
(Kohlehydrat:89% / Eiweiß & Fett:11%)
100g.≈ Eiweiß 7,63g. Fett:2,54g.
µg. - Ph:10,3 Na:1,31 Ka:15,5 Mg:9,5 Ca:22,5 Fe:0,14 Zn:0,06 Col.:0 Hsr.:4,12

Zutaten:
Zwiebel weiss 1 Stück / 50g. (ja)
Paprika 4 stück / 120g. (empfehlenswert)
Lorbeerblatt 2 Stück / 1g. (ja)
Nelke 2 Stück / 1g. (ja)
Grundrezept für eine Gemüsebrühe nahrhaft 400 g. / 400g. (ja)
Reis Vollkorn 200 g / 200g. (empfehlenswert)
Champignon 60 g. / 60g. (ja)
Petersilie 20 g. / 20g. (ja)
Pfeffer gemahlen 1 Prise / 0,2g. ()
Paprika (Rosenpaprikapulver) 1 Prise / 0,2g. (ja)
Tomate 120 g. / 120g. (empfehlenswert)

Kochanleitung:
Die Zwiebel fein würfeln und die Paprika in feine Streifen schneiden. Margarine in einem Topf erhitzen, Zwiebel und Paprika sowie Reis darin andünsten und mit der Gemüsebrühe aufgießen. Nelken und Lorbeerblätter dazugeben und im geschlossenen Topf ca. 20 Min. ausquellen lassen. Das Tomatenfleisch in 1 cm große Würfel schneiden und 5 Min. vor Garzeitende zum Reis geben.

3.84 Pikante Avocadocreme mit Hüttenkäse

Hilft bei Entzündungen, Schwellungen, Schmerzen und Juckreiz. Stärkt Magen und Verdauungssystem, entgiftet, bakterizid.

Anzahl Portionen: 4
Kalorien p. Portion 613
Gramm p. Portion 271,25
Kochdauer ca. 15 Min.
Allergene: G
(Kohlehydrat:39% / Eiweiß & Fett:61%)
100g.≈ Eiweiß 11,04g. Fett:40,92g.
µg. - Ph:7,44 Na:14,84 Ka:19,28 Mg:1,27 Ca:2,23 Fe:0,03 Zn:0,03 Col.:0,06 Hsr.:1,09

Zutaten:
Avocado 2 Stück / 600g. (ja)
Pfeffer gemahlen 1 Prise / 0,5g. ()
Salz 1 Prise / 1g. (wenig)
Zitrone Saft 1/2 Stück / 15g. (ja)
Paprika (Rosenpaprikapulver) 1 Prise / 1g. (ja)
Olivenöl 1 EL / 10g. (ja)
Chili (Schote oder gemahlen) 1 Prise / 0,5g. (ja)
Kräuter verschiedene 1 EL / 7g. (ja)
Hüttenkäse 1 Becher / 250g. (ja)
Brot mit Johannisbrotkernmehl 8 Scheiben / 200g. (ja)

Kochanleitung:
Avocadofleisch pürieren und mit reichlich gemahlenem Pfeffer, Zitronensaft, Rosenpaprika, einigen Tropfen Öl, Chili, frischen gehackten Kräutern und einer Prise Salz würzen. Hüttenkäse (etwa gleiche Menge wie Avocadocreme) vorsichtig untermengen. Passt zu: Kartoffeln und Hirse, mit denen die Avocadocreme in Kombination mit Gemüsegerichten, Hülsenfrüchten oder Blattsalaten eine delikate Mahlzeit ergibt. Eignet sich auch sehr gut als Vorspeise oder als Mitbringsel auf Partys und als Morgenmahlzeit im Sommer, zusammen mit einem milden Gericht aus Linsen oder Adzukibohnen und geraspeltem Rettich.

3.85 Pikante Tofu-Gemüse-Pfanne

Stärkt Magen, lindert Verstopfung, entgiftet, lindert Entzündungen, verbessert Durchblutung, fördert Schwitzen, löst Stagnation, lindert Blähungen, senkt Blutdruck, bakterizid, stärkt Immunsystem, beugt Krebs vor, reduziert Strahlenverletzungen.

Anzahl Portionen:	4
Kalorien p. Portion	241
Gramm p. Portion	329,38
Kochdauer ca.	25 Min.
Allergene:	EN

(Kohlehydrat:67,31% / Eiweiß & Fett:32,69%)
100g.≈ Eiweiß 7,37g. Fett:7,33g.
µg. - Ph:15,05 Na:17,26 Ka:39,42 Mg:9,54 Ca:13,3 Fe:0,3 Zn:0,02 Col.:0,01 Hsr.:7,29

Zutaten:
Sesamöl 2 EL / 20g. (empfehlenswert)
Karotte (Mohrrübe, Möhre) 2 Stück / 100g. (empfehlenswert)
Fenchel 1 Stück / 250g. (empfehlenswert)
Lauch (Porree) 1 Stück / 200g. (ja)

Salz 1 Prise / 1g. (wenig)
Kurkuma (Gelbwurz) 1 Prise / 1g. (ja)
Zitrone Saft 1 Spritzer / 1g. (ja)
Soja Tofu 1 Paket / 120g. (ja)
Pfeffer gemahlen 1 Prise / 0,5g. ()
Sojasauce 1 Schuss / 3g. (ja)
Reis Vollkorn 1 Tasse / 120g. (empfehlenswert)
Wasser 6 Tassen / 500g. (ja)
Salz 1 Prise / 1g. (wenig)

Kochanleitung:
In einem heißen Wok oder einer heißen Pfanne Sesamöl erhitzen. Kleingeschnittene Karotten, Fenchel und Lauchscheiben darin anbraten und mit Salz, einem Spritzer Zitronensaft und Kurkuma würzen. Tofuwürfel 1-2 Min. mitbraten. Pfeffer dazugeben und zugedeckt etwa 5 Min. schmoren lassen, dann mit Sojasoße beträufeln. Den Reis in gesalzenem Wasser aufkochen lassen und bei kleiner Hitze ca. 15 Min. quellen lassen.

3.86 Polenta mit Pfirsich

Lindert Müdigkeit, stärkt Magen, harntreibend, stärkt die Abwehr, gegen Pilzinfektionen, lässt Gallensaft fließen, beugt Alterungsprozessen vor, stärkt Gehirnzellen.

Anzahl Portionen:	3
Kalorien p. Portion	197
Gramm p. Portion	254,03
Kochdauer ca.	20 min

Allergene:
(Kohlehydrat:89,44% / Eiweiß & Fett:10,56%)
100g.≈ Eiweiß 4,48g. Fett:0,6g.
µg. - Ph:8,27 Na:0,36 Ka:35,48 Mg:2,78 Ca:3,07 Fe:0,14 Zn:0,02 Col.:0 Hsr.:4,67

Zutaten:
Wasser 2 Tassen / 240g. (ja)
Mais Gries (Polenta) 1 Tasse / 120g. (ja)
Pfirsich 2-3 Stück / 400g. (empfehlenswert)
Vanilleschote 1 Prise / 1g. (ja)
Chili (Schote oder gemahlen) 1 Prise / 0,1g. (ja)
Zimtpulver 1 Prise / 1g. (ja)

Kochanleitung:
Die Polenta in einen Topf mit heißem Wasser unter ständigem Rühren einrieseln lassen, bis die gewünschte Konsistenz erreicht ist. Vom Herd nehmen und ca. 10 Min. ausquellen lassen. Frische Pfirsiche waschen,

vierteln und in die fertige Polenta hineinschneiden. Vanille und nach Geschmack Chili unterrühren und 3 Min. ziehen lassen. Wintervariante: eingelegtes Obst, Birne, Apfel

3.87 Porridge mit Rosinen und Sake

Stärkt Abwehrkraft, fördert Durchblutung, verbessert Medikamentenwirkung, regt Appetit an, entschlackt die Haut, regt Nerven an, befreit Atmung, erhöht Körpertemperatur, treibt Schweiß.

Anzahl Portionen:	1
Kalorien p. Portion	427
Gramm p. Portion	356
Kochdauer ca.	10 Min.
Allergene:	AGO

(Kohlehydrat:66,81% / Eiweiß & Fett:33,19%)
100g.≈ Eiweiß 11,78g. Fett:16,8g.
µg. - Ph:107,91 Na:22,97 Ka:150,88 Mg:29,72 Ca:60,08 Fe:0,83 Zn:0,87 Col.:2,11 Hsr.:25,96

Zutaten:
Hafer Flocken (Vollkorn) 8 EL / 60g. (empfehlenswert)
Wasser 1/8 Liter / 125g. (ja)
Kuhmilch (Vollmilch 3,5 % Fett) 1/8 Liter / 125g. (ja)
Salz 1 Prise / 1g. (wenig)
Sahne, süß 30% 2 EL / 20g. (wenig)
Rosinen 1 EL / 15g. (ja)
Sake 1 EL / 10g. (ja)

Kochanleitung:
Wasser und Milch mit einer Prise Salz aufkochen. 4 EL grobe Haferflocken einstreuen und zu einem Brei verkochen. 4 EL feine Haferflocken mitkochen, vom Herd nehmen und ausquellen lassen. In einer vorgewärmten Schüssel anrichten und mit flüssiger Sahne übergießen, Rosinen und Sake untermischen.

3.88 Preiselbeer-Joghurt-Mix

Gut bei akuter oder chronischer Verstopfung, Mundschleimhautentzündung, Durchfall, Blähungen, Reizdarm.

Anzahl Portionen:	2
Kalorien p. Portion	57
Gramm p. Portion	197,5
Kochdauer ca.	5 Min.
Allergene:	GO

(Kohlehydrat:75,06% / Eiweiß & Fett:24,94%)
100g.≈ Eiweiß 2,13g. Fett:1,02g.
µg. - Ph:14,34 Na:11,73 Ka:26,32 Mg:5,43 Ca:33,22 Fe:0,03 Zn:0,03 Col.:0,4 Hsr.:0,41

Zutaten:
Joghurt (natur, 1,5 % Fett) 125 g. / 125g. (empfehlenswert)
Preiselbeermarmelade 2 EL / 20g. (ja)
Mineralwasser 250 ml. / 250g. (ja)

Kochanleitung:
Joghurt, Preiselbeer-Marmelade und Mineralwasser mit dem Standmixer schaumig rühren.

3.89 Putenbrust mit Gemüse (asiatisch)

Stärkt Blut, baut Milz und Magen auf, stärkt Knochenmark, löst Stagnation, fördert die Verdauung, kuriert Bluthochdruck, befeuchtet Lunge und Dickdarm, gut gegen Depressionen. Reis zur Entwässerung des Körpers bei Übergewicht und Bluthochdruck.

Anzahl Portionen:	2
Kalorien p. Portion	535
Gramm p. Portion	371
Kochdauer ca.	45 Min.
Allergene:	AEN

(Kohlehydrat:54% / Eiweiß & Fett:46%)
100g.≈ Eiweiß 31,92g. Fett:18,02g.
µg. - Ph:27,73 Na:66,82 Ka:46,74 Mg:7,57 Ca:3,14 Fe:0,2 Zn:0,21 Col.:4,05 Hsr.:15,18

Zutaten:
Reis Sorte beliebig 1 Tasse / 120g. (ja)
Wasser 6 Tassen / 240g. (ja)
Pute Brustfleisch 200 g / 200g. (empfehlenswert)
Ingwer frisch 1 cm. / 3g. (ja)
Knoblauch 1 Stück / 2g. (ja)
Sojasauce 2 EL / 20g. (ja)
Weizen Mehl 2 TL / 15g. (ja)
Zwiebel Frühlingszwiebel 2 Stück / 40g. (ja)
Paprika 1/2 Stück / 10g. (empfehlenswert)
Champignon 8 Stück / 30g. (ja)
Sesamöl 2 EL / 20g. (empfehlenswert)
Sojasauce 1 EL / 12g. (ja)
Curry 1 Prise / 2g. (ja)
Kurkuma (Gelbwurz) 1 Prise / 2g. (ja)
Chili (Schote oder gemahlen) 1 Prise / 1g. (ja)
Cashewnüsse 2 TL / 25g. (ja)

Kochanleitung:
Reis im Salzwasser gar kochen. Das Putenfleisch in schmale Streifen schneiden. Ingwer und Knoblauch schälen und würfeln und zusammen mit den Fleischstreifen in eine Schüssel geben. 1 EL Sojasoße mit der Weizenstärke vermischen und glattrühren. Danach über das Fleisch geben und alles 30 Min. marinieren. Frühlingszwiebeln und Paprika waschen, putzen und in kleine Stücke schneiden. Die Champignons putzen und vierteln.1 EL des Sesamöls in eine beschichtete Pfanne geben und das marinierte Putenfleisch scharf anbraten und warm stellen. Nun das restliche Öl in die Pfanne geben und das andere Gemüse darin anbraten. Das Fleisch dazugeben und mit Sojasoße und den Gewürzen abschmecken. Mit dem Reis anrichten. Die Cashewkerne vor dem Servieren über das Gericht streuen.

3.90 Quarkknödel auf Erdbeermus

Erdbeeren stärken Milz, Magen und Blut. Eier beruhigen Nerven und Magen.

Anzahl Portionen:	5
Kalorien p. Portion	553
Gramm p. Portion	296,2
Kochdauer ca.	30 Min.
Allergene:	ACG

(Kohlehydrat:40,09% / Eiweiß & Fett:59,91%)
100g.≈ Eiweiß 18,89g. Fett:46,85g.
µg. - Ph:26,63 Na:18,36 Ka:29,44 Mg:4,74 Ca:12,16 Fe:0,21 Zn:0,02 Col.:2,41 Hsr.:3,59

Zutaten:
Topfen (Quark) 20% 500 g. / 500g. (empfehlenswert)
Dinkel Gries 150 g. / 150g. (ja)
Butter Bio 40 g. / 40g. (ja)
Huhn Ei 2 Stück / 120g. (ja)
Zucker (Staubzucker) 2 EL / 20g. (wenig)
Salz 1 Prise / 1g. (wenig)
Brösel (Weizenbrot, Semmel) 3 EL / 25g. (ja)
Butter Bio 100 g. / 100g. (ja)
Erdbeere 500 g. / 500g. (empfehlenswert)
Zucker (Staubzucker) 3 EL / 25g. (wenig)

Kochanleitung:
Quark, Grieß, Butter, Eier, Puderzucker und Salz zu einem glatten Teig verrühren. Den Teig ca. 15 Min. im Kühlschrank ruhen lassen. Danach kleine Knödel (ca. 4 cm) formen und in leicht kochendem Salzwasser ca. 10 Min. ziehen lassen. In einer Pfanne Butter erwärmen und die Brösel darin goldbraun anrösten. Die Knödel vorsichtig in den Bröseln

wälzen. Aus Erdbeeren und Puderzucker mit dem Mixstab ein Mus pürieren und zu den Knödeln reichen.

3.91 Reis mit gedämpftem Gemüse

Senkt Blutdruck, bakterizid, harntreibend, stärkt Immunsystem, beugt Krebs vor, reduziert Strahlenverletzungen. Gut bei Durchblutungsstörungen, Thrombose, Emboliegefahr, Kopfschmerzen, Herzinfarkt und Schlaganfall.

Anzahl Portionen: 2
Kalorien p. Portion 167
Gramm p. Portion 310,5
Kochdauer ca. 20 min
Allergene: L
(Kohlehydrat:82,32% / Eiweiß & Fett:17,68%)
100g.≈ Eiweiß 4,33g. Fett:2,26g.
µg. - Ph:16,63 Na:5,67 Ka:52,64 Mg:6,29 Ca:11,8 Fe:0,4 Zn:0,07 Col.:0 Hsr.:12,64

Zutaten:
Reis Sorte beliebig 1/2 Tasse / 60g. (ja)
Wasser 3 Tassen / 300g. (ja)
Zitrone Schale 1 Stück / 3g. (ja)
Wasser 1/8 Liter / 0g. (ja)
Karotte (Mohrrübe, Möhre) 2 Stück / 180g. (empfehlenswert)
Sellerie Stangensellerie 1/2 Stück / 5g. (empfehlenswert)
Champignon 1/2 Tasse / 50g. (ja)
Kresse 2 EL / 20g. (ja)
Leinöl 1 Schuss / 3g. (empfehlenswert)

Kochanleitung:
Reis nach Grundrezept kochen, dabei ein Stück Zitronenschale mitkochen. Wasser aufstellen und kleingeschnittene Karotten, Stangensellerie und Champignons im Gemüseeinsatz dämpfen, bis sie weich sind. Anschließend mit Kresse bestreuen und zuletzt einen Schuss hochwertiges Öl zugeben.

3.92 Reispudding

Reguliert Magen-Darm-Funktion, stärkt Milz, Magen und Muskeln, liefert Vitamin C.

Anzahl Portionen: 1
Kalorien p. Portion 316
Gramm p. Portion 329
Kochdauer ca. 2 Stunden
Allergene: G

(Kohlehydrat:75,96% / Eiweiß & Fett:24,04%)
100g.≈ Eiweiß 9,26g. Fett:7,36g.
µg. - Ph:91,08 Na:31,47 Ka:222,68 Mg:30,22 Ca:77,57 Fe:0,44 Zn:0,42 Col.:3,65 Hsr.:17,51

Zutaten:
Kuhmilch (Vollmilch 3,5 % Fett) 200 ml. / 200g. (ja)
Reis Rundkornreis 25 g. / 25g. (ja)
Banane 100 g. / 100g. (ja)
Rote Grütze (ohne Zucker) 2 TL / 4g. (ja)

Kochanleitung:
Die Hälfte der Milch in einem kleinen Topf zum Kochen bringen. Den Reis einstreuen und bei schwacher Hitze etwa 15 Min. kochen lassen. Die Banane schälen, mit dem Pürierstab fein zermusen und den Rote-Bete-Saft dazugeben. Das Bananenmus unter den heißen Reis ziehen. Eine hübsche Puddingform (ca. ¼ l Inhalt) mit kaltem Wasser ausschwenken, den Bananenreis in die Form füllen und den Pudding bei Zimmertemperatur ausquellen lassen. Nach etwa 3 Std. ist er fest und kann gestürzt werden. Die restliche Milch als Getränk dazugeben.

3.93 Rhabarber-Apfel-Grütze

Liefert Antioxidantien und viel Vitamin C. Führt ab, kühlt Hitze, lindert Schmerzen, entgiftet, bakterizid, erwärmt Magen und Milz, fördert Durchblutung.

Anzahl Portionen:	2
Kalorien p. Portion	180
Gramm p. Portion	276,5
Kochdauer ca.	15 Min.

Allergene:
(Kohlehydrat:95,59% / Eiweiß & Fett:4,41%)
100g.≈ Eiweiß 1,2g. Fett:0,58g.
µg. - Ph:14,75 Na:1,5 Ka:93,5 Mg:7,43 Ca:12,73 Fe:0,29 Zn:0,07 Col.:0 Hsr.:6,21

Zutaten:
Rhabarber 200 g / 200g. (empfehlenswert)
Apfelsaft (Naturtrüb) 300 ml. / 300g. (ja)
Maisstärke 30 g. / 30g. (ja)
Honig 20 g. / 20g. (ja)
Vanillezucker natur 1 Prise / 0,5g. (ja)
Zimtpulver 1 Prise / 0,5g. (ja)
Pfefferminze 2 Blätter / 2g. (ja)

Kochanleitung:
Die Maisstärke mit ½ Tasse Apfelsaft glattrühren. Den Rhabarber mit einer Tasse Wasser 10 Min. dünsten, den restlichen Apfelsaft zufügen, mit der angerührten Stärke abbinden und nochmals aufkochen. Mit dem Honig süßen und mit Vanille und Zimt würzen. Die Grütze auf Dessertschälchen verteilen und mit Minze garnieren.

3.94 Rindfleischsalat

Stärkt Milz, Magen, Blut, Muskeln, Sehnen und Knochen, kühlt und befeuchtet, harntreibend, entgiftend, unterdrückt Umwandlung von Zucker in Fett, senkt Cholesterinspiegel, löst Stagnation.

Anzahl Portionen:	1
Kalorien p. Portion	249
Gramm p. Portion	197
Kochdauer ca.	10 Min.
Allergene:	O

(Kohlehydrat:54% / Eiweiß & Fett:46%)
100g.≈ Eiweiß 15,71g. Fett:7,9g.
µg. - Ph:151,93 Na:219,82 Ka:142,62 Mg:14,06 Ca:28,43 Fe:1,3 Zn:1,53 Col.:18,53 Hsr.:43,25

Zutaten:
Rind Fleisch 50 g. / 50g. (ja)
Zwiebel weiss 20 g. / 20g. (ja)
Paprika 30 g. / 30g. (empfehlenswert)
Gurke (Gewürzgurke) 30 g. / 30g. (empfehlenswert)
Essig (Apfelessig) 2 TL / 5g. (ja)
Rapsöl 2 TL / 5g. (empfehlenswert)
Salz 1 Prise / 0,5g. (wenig)
Pfeffer gemahlen 1 Prise / 0,1g. ()
Lauchzwiebel Schnittlauch 1 EL / 7g. (ja)
Brot mit Johannisbrotkernmehl 2 Scheiben / 50g. (ja)

Kochanleitung:
Das Fleisch mit dem Grundrezept einer Rinderbrühe kochen, auskühlen lassen und in ca. 1 cm große Scheiben schneiden. Zwiebeln in Ringe, Paprikaschote und Gewürzgurke in kleine Würfel schneiden und alle Zutaten mischen. Salatmarinade aus Essig, Öl und Salz herstellen und darüber verteilen, abschmecken und durchziehen lassen.

3.95 Roher Selleriesalat

Erfrischend. Stärkt Magen, Leber, Nieren und Muskeln. Liefert Vitamin C, stärkt Verdauungssystem, entgiftet, bakterizid, fördert Durchblutung, fördert Gewichtsabnahme.

Anzahl Portionen: 1
Kalorien p. Portion 590
Gramm p. Portion 327
Kochdauer ca. 15 Min.
Allergene: HLN
(Kohlehydrat:26% / Eiweiß & Fett:74%)
100g.≈ Eiweiß 6,84g. Fett:51,9g.
µg. - Ph:58,86 Na:64,97 Ka:271,14 Mg:26,75 Ca:65,8 Fe:0,65 Zn:0,25 Col.:0,12 Hsr.:40,4

Zutaten:

Sellerie Knolle 1/4 Stück / 125g. (empfehlenswert)
Sellerie Stangensellerie 2 Äste / 30g. (empfehlenswert)
Sesamöl 4 EL / 40g. (empfehlenswert)
Mandelmus 2 EL / 20g. (ja)
Pfeffer gemahlen 1 Prise / 0,5g. ()
Salz 1 Prise / 1g. (wenig)
Zitrone 1/2 Tasse / 50g. (ja)
Orangensaft 1/2 Tasse / 60g. (ja)
Paprika (Rosenpaprikapulver) 1 Prise / 1g. (ja)

Kochanleitung:

Sellerieknolle fein raspeln. Selleriestange in kleine Stücke schneiden, Selleriegrün -falls vorhanden- kleinschneiden, blanchieren und alles vermischen. Dressing: Sesamöl, Mandelmus, Pfeffer, Salz, Zitronen- und Orangensaft (frisch) und etwas Rosenpaprika gut durchrühren. Mit dem Sellerie vermischen und gut durchziehen lassen.

3.96 Rührei mit Rucola und Kräutern

Beruhigt Nerven und Magen, fördert Verdauung, entgiftet, stärkt Säfteproduktion, treibt Schweiß, reduziert Blutfett, regt an, löst Stagnation, regt Leberfunktion an, harmonisiert Leber und Milz, stärkt Sehkraft, entgiftet.

Anzahl Portionen: 1
Kalorien p. Portion 360
Gramm p. Portion 191
Kochdauer ca. 10 Min
Allergene: CG
(Kohlehydrat:11% / Eiweiß & Fett:89%)
100g.≈ Eiweiß 16,61g. Fett:30,38g.
µg. - Ph:156,1 Na:98,06 Ka:229,29 Mg:15,37 Ca:66,01 Fe:1,96 Zn:0,98 Col.:273,93 Hsr.:9,63

Zutaten:
Butter Bio 2 EL / 20g. (ja)
Ingwer frisch 1 Messerspitze / 1g. (ja)
Huhn Ei 2 Stück / 120g. (ja)
Pfeffer gemahlen 1 Prise / 0,5g. ()
Koriander 1 Prise / 1g. (ja)
Petersilie 2 EL / 16g. (ja)
Oregano getrocknet 1 TL / 2g. (ja)
Bohnenkraut 1 Prise / 0,5g. (empfehlenswert)

Kochanleitung:
Ein Stück Butter in einer Pfanne schmelzen lassen. Etwas kleingeschnittenen Ingwer kurz darin anbraten. 1 Ei darin aufschlagen und frisch gemahlenen Pfeffer, eine Prise Koriander, Bohnenkraut, etwas Salz, gehackte Petersilie, Rucola und Oregano (kleingeschnitten) unterrühren, bis das Ei stockt, aber noch saftig ist. Dazu passt: Hirse, Polenta, Kartoffeln, getoastetes Brot. Bekömmlicher ist das Gericht jedoch ohne Kohlehydrate.

3.97 Schnellpolenta mit Avocado und Frühlingszwiebel

Gut bei Entzündungen, Schwellungen und Schmerzen. Stärkt Magen und Milz, harntreibend, lässt Gallensaft fließen, löst Stagnation, liefert ungesättigte Fettsäuren, antioxidativ.

Anzahl Portionen: 2
Kalorien p. Portion 449
Gramm p. Portion 286
Kochdauer ca. 10 min.
Allergene:
(Kohlehydrat:55% / Eiweiß & Fett:45%)
100g.≈ Eiweiß 6,92g. Fett:27,5g.
µg. - Ph:16,92 Na:0,99 Ka:54,42 Mg:8,7 Ca:3,02 Fe:0,13 Zn:0,17 Col.:0,01 Hsr.:3,78

Zutaten:
Mais (Schnellpolenta) 1 Tasse / 120g. (ja)
Wasser 2 Tassen / 240g. (ja)
Olivenöl 1 EL / 15g. (ja)
Salz 1 Prise / 1g. (wenig)
Pfeffer gemahlen 1 Prise / 0,5g. ()
Zitrone Saft 1 Schuss / 3g. (ja)
Zwiebel Frühlingszwiebel 2 Stück / 40g. (ja)
Avocado 1/2 Stück / 150g. (ja)
Kurkuma (Gelbwurz) 1 Prise / 1g. (ja)
Basilikum (frisch) 1 TL / 2g. (ja)

Kochanleitung:
Wasser erhitzen. Öl, Zitrone und Gewürze dazugeben. Wenn das Wasser kocht, Polenta unter ständigem Rühren einrieseln lassen und 2 Min. kochen. Wenn der Brei fest wird, ist die Polenta fertig Gewürfelte Avocado und geschnittene Frühlingszwiebel unter die Polenta mischen. Mit frischem Basilikum überstreuen.

3.98 Sellerie-Kartoffel-Cremesuppe

Senkt Blutdruck, stärkt Immunsystem, fördert Gewichtsabnahme. Gut bei Abwehrschwäche, Appetitlosigkeit, Blähungen, Depressionen, Diabetes, Durchfall, Verdauungsschwäche.

Anzahl Portionen: 4
Kalorien p. Portion 113
Gramm p. Portion 241,5
Kochdauer ca. 45 Min.
Allergene: GL
(Kohlehydrat:83,35% / Eiweiß & Fett:16,65%)
100g.≈ Eiweiß 2,16g. Fett:5,52g.
µg. - Ph:5,96 Na:3,46 Ka:23,98 Mg:22,27 Ca:83,51 Fe:0,18 Zn:0,02 Col.:0 Hsr.:1,49

Zutaten:
Olivenöl 1 EL / 10g. (ja)
Zwiebel weiss 1/2 Stück / 25g. (ja)
Grundrezept für eine Gemüsebrühe nahrhaft 700 ml. / 700g. (ja)
Kartoffel 200 g / 200g. (ja)
Muskatnuss 1 Prise / 0,5g. (ja)
Kümmel 1 Prise / 0,5g. (ja)
Zitrone Schale 1/4 Stück / 1g. (ja)
Creme fraîche 2 EL / 20g. (ja)
Salz 1 Prise / 1g. (wenig)
Petersilie 1 EL / 8g. (ja)

Kochanleitung:
Das Olivenöl in einem Topf leicht erhitzen und Zwiebelwürfel darin bei milder Hitze ganz weich dünsten. Mit Gemüsebrühe (nach Grundrezept) aufgießen und zugedeckt 15 Min. köcheln lassen. Kartoffelwürfel, kleingeschnittenen Sellerie, Muskat, Kümmel und Zitronenschale zugeben und zugedeckt weitere 12 Min. leicht kochen. Kartoffeln und Sellerie sollen weich sein, aber nicht zerfallen. Zitronenschale entfernen, mit dem Mixstab oder im Mixer die Suppe mit Crème fraîche fein pürieren und mit Salz abschmecken. Suppe portionsweise mit der kleingehackten Petersilie anrichten.

3.99 Selleriesuppe

Stärkt Magen, fördert Appetit und Verdauung, löst Stagnation.
Anzahl Portionen: 4
Kalorien p. Portion 101
Gramm p. Portion 285,62
Kochdauer ca. 45 Min.
Allergene: ACGL
(Kohlehydrat:43,65% / Eiweiß & Fett:56,35%)
100g.≈ Eiweiß 4,33g. Fett:5,7g.
µg. - Ph:11,03 Na:20,2 Ka:44,23 Mg:2,49 Ca:11,41 Fe:0,11 Zn:0,01 Col.:1,44 Hsr.:8,46

Zutaten:
Wasser 1/2 Liter / 500g. (ja)
Butter Bio 1 EL / 15g. (ja)
Muskatnuss 1 Prise / 1g. (ja)
Salz 1 Prise / 1g. (wenig)
Dinkel Vollkornmehl 2-3 TL / 25g. (ja)
Sellerie Knolle 1 Stück / 500g. (empfehlenswert)
Huhn Ei 1 Stück / 55g. (ja)
Sahne sauer 10% 2-3 EL / 25g. (ja)
Sellerie Stangensellerie 2 EL / 20g. (empfehlenswert)
Pfeffer gemahlen 1 Prise / 0,5g. ()

Kochanleitung:
1 EL Butter in einem Topf zerlassen. Eine Messerspitze Muskat, eine Prise Salz und 2-3 TL Dinkelvollkornmehl (fein und möglichst frisch gemahlen) hineingeben und unter Rühren zu einer Schwitze verarbeiten. 500 ml heißes Wasser nach und nach einrühren und den großen, fein geschnittenen Knollensellerie zugeben. Etwa 35 Min. garen und danach pürieren. 1 Eigelb mit der Sahne verrühren und in der heißen, nicht mehr kochenden Suppe, kräftig untermengen. Einige Sellerieblätter fein gehackt dazugeben und mit Pfeffer und Salz abschmecken.

3.100 Szegediner Fischgulasch

Stärkt Milz, Magen, Nieren und Immunsystem, senkt Blutdruck, bakterizid. Gut bei Verdauungsstörungen, löst Stagnation.
Anzahl Portionen: 2
Kalorien p. Portion 280
Gramm p. Portion 380,5
Kochdauer ca. 30 Min.
Allergene: ADL
(Kohlehydrat:58% / Eiweiß & Fett:42%)
100g.≈ Eiweiß 25,32g. Fett:3,09g.
µg. - Ph:25,89 Na:22,72 Ka:60,47 Mg:11,78 Ca:30,28 Fe:0,18 Zn:0,12 Col.:4,99 Hsr.:13,6

Zutaten:
Kabeljau 200 g / 200g. (empfehlenswert)
Zitrone 1/4 Stück / 5g. (ja)
Schwein Schinkenspeck 40 g. / 40g. (ja)
Zwiebel Frühlingszwiebel 2 Stück / 40g. (ja)
Sauerkraut 250 g. / 250g. (ja)
Tomatenmark 2 EL / 20g. (ja)
Grundrezept für eine Gemüsebrühe nahrhaft 150 ml / 150g. (ja)
Salz 1 Prise / 1g. (wenig)
Paprika (Rosenpaprikapulver) 1 Prise / 1g. (ja)
Kümmel gemahlen 1 Prise / 1g. (ja)
Pfeffer gemahlen 1 Prise / 0,5g. ()
Dinkel Vollkornmehl 1 TL / 3g. (ja)
Brot mit Johannisbrotkernmehl 2 Scheiben / 50g. (ja)

Kochanleitung:
Die Fischfilets säubern, mit Zitrone säuern und salzen. Den Schinkenspeck in einer tiefen, großen Pfanne anrösten, die feingeschnittenen Zwiebeln dazugeben und kurz mitrösten. Sauerkraut und das Tomatenmark hinzufügen, mit Gemüsebrühe auffüllen und ca. 10 bis 15 Min. mit geschlossenem Deckel dünsten. Vorbereitete Fischwürfel auf das Sauerkraut legen, mit Paprika, Kümmel und Pfeffer würzen und weitere ca. 10 Min. bei kleiner Hitze dünsten. Mit etwas Mehl oder Stärke binden und mit Brot servieren.

3.101 Tee aus Anissamen

Anis (gemeiner Fenchel) fördert Verdauung, stärkt Magen und Milz.

Anzahl Portionen:	4
Kalorien p. Portion	3
Gramm p. Portion	125,75
Kochdauer ca.	15 Min.

Allergene:
(Kohlehydrat:51,11% / Eiweiß & Fett:48,89%)
100g.≈ Eiweiß 0,14g. Fett:0,12g.
µg. - Ph:0,71 Na:0,27 Ka:2,06 Mg:0,5 Ca:2,29 Fe:0 Zn:0,01 Col.:0 Hsr.:0

Zutaten:
Anis (gemeiner Fenchel) 1 TL / 3g. (ja)
Wasser 1/2 Liter / 500g. (ja)

Kochanleitung:
Wasser zum Kochen bringen und beiseite stellen. Anis zugeben, 10 Min. ziehen lassen und durch ein Teesieb abgießen. Nach Geschmack

mit Honig süßen. Um eine heilsame Wirkung zu erzielen, sollte man pro Tag 2 Tassen Anis-Tee trinken.

3.102 Tee aus Grüntee

Fördert Verdauung, harntreibend, löst Schleim, entgiftet, regt Nerven an, reduziert Blutfett, senkt Cholesterinspiegel, lindert Entzündungen.
Anzahl Portionen: 1
Kalorien p. Portion 3
Gramm p. Portion 122
Kochdauer ca. 10 Min.
Allergene:
(Kohlehydrat:20% / Eiweiß & Fett:80%)
100g.≈ Eiweiß 0,01g. Fett:0g.
µg. - Ph:5,61 Na:1,07 Ka:27,59 Mg:4,07 Ca:9,43 Fe:0,04 Zn:0,1 Col.:0 Hsr.:0

Zutaten:
Grüner Tee 1 TL / 2g. (ja)
Wasser 1 Tasse / 120g. (ja)

Kochanleitung:
Pro Tasse verwendet man einen Teelöffel voll oder einen Teebeutel. Grüntee nur mit 60-80 Grad heißem Wasser aufbrühen, da er sonst bitter wird. Soll der Tee eine anregende Wirkung haben, lässt man ihn 2-3 Min. ziehen. Eher beruhigend wirkt er bei einer Ziehdauer von 5 Min. (nicht länger, sonst wird er bitter!). Eine andere Methode: Man übergießt die Teeblätter mit ca. 70 Grad heißem Wasser und gießt es sofort wieder ab. Dann einfach noch mal heißes Wasser nachgießen. Die Bitterstoffe verschwinden und der Tee bekommt ein milderes Aroma.

3.103 Tee aus Schwarztee (Russischer Tee)

Schwarztee fördert Durchblutung.
Anzahl Portionen: 1
Kalorien p. Portion 8
Gramm p. Portion 125
Kochdauer ca. 10 Min.
Allergene:
(Kohlehydrat:2,52% / Eiweiß & Fett:97,48%)
100g.≈ Eiweiß 1,28g. Fett:0,26g.
µg. - Ph:11,92 Na:1,2 Ka:72,32 Mg:7,96 Ca:16,52 Fe:0,08 Zn:0,11 Col.:0 Hsr.:13,12

Zutaten:
Schwarztee 1 EL / 5g. (ja)
Wasser 1 Tasse / 120g. (ja)

Kochanleitung:
Pro Tasse verwendet man einen Teelöffel voll oder einen Teebeutel. Den Tee nur mit 60 bis 80 Grad heißem Wasser übergießen, da er sonst bitter wird. Soll der Tee eine anregende Wirkung haben, lässt man ihn 2 bis 3 Min. ziehen. Eher beruhigend wirkt er bei einer Ziehdauer von 5 Min. (nicht länger, sonst wird er bitter!). Eine andere Methode: Man übergießt die Teeblätter mit ca. 70 Grad heißem Wasser und gießt das Wasser sofort wieder ab. Dann einfach noch mal heißes Wasser nachgießen. Die Bitterstoffe verschwinden und der Tee bekommt ein milderes Aroma.

3.104 Tomaten mit Mozzarella

Fördert Verdauung, hilft Fett zu verdauen, harntreibend, senkt Blutdruck. Hilft bei Appetitlosigkeit, Blähungen, Darmentzündungen, Übelkeit, ist entkrampfend und beruhigend.

Anzahl Portionen:	1
Kalorien p. Portion	436
Gramm p. Portion	217
Kochdauer ca.	5 min
Allergene:	AG

(Kohlehydrat:36,98% / Eiweiß & Fett:63,02%)
100g.≈ Eiweiß 14,85g. Fett:30,32g.
µg. - Ph:90,53 Na:176,32 Ka:158,47 Mg:12,75 Ca:109,48 Fe:0,33 Zn:0,5 Col.:10,69 Hsr.:13,46

Zutaten:
Mozzarella 1 Stück / 50g. (ja)
Tomate 2 Stück / 100g. (empfehlenswert)
Salz 1 Prise / 1g. (wenig)
Basilikum (frisch) 5 Blätter / 6g. (ja)
Olivenöl 2 EL / 20g. (ja)
Weißbrot (Weizenbrot) 2 Scheiben / 40g. (wenig)

Kochanleitung:
Tomaten und Mozzarella in Scheiben schneiden. Auf Teller verteilen, salzen und mit Basilikum und Olivenöl anrichten. Dazu Weißbrot servieren.

3.105 Tomatensuppe

Fördert Verdauung, hilft Fett zu verdauen, senkt Blutdruck, löst Stagnation, antioxidativ, harntreibend.

Anzahl Portionen:	2
Kalorien p. Portion	100
Gramm p. Portion	290

Kochdauer ca. 10 min.
(Kohlehydrat:42% / Eiweiß & Fett:58%)
100g.≈ Eiweiß 1,78g. Fett:7,9g.
µg. - Ph:4,2 Na:1,2 Ka:31,36 Mg:1,99 Ca:3,85 Fe:0,07 Zn:0,04 Col.:0,01 Hsr.:1,47

Zutaten:
Olivenöl 1 EL / 15g. (ja)
Zwiebel weiss 1 Stück / 60g. (ja)
Basilikum (frisch) 1 TL / 2g. (ja)
Zimtpulver 1 Prise / 1g. (ja)
Pfeffer gemahlen 1 Prise / 0,5g. ()
Salz 1 Prise / 1g. (wenig)
Tomate 5 Stück / 250g. (empfehlenswert)
Paprika (Rosenpaprikapulver) 1 Prise / 1g. (ja)
Wasser 250 g. / 250g. (ja)

Kochanleitung:
Die kleingeschnittene Zwiebel im Olivenöl in einem Topf anrösten, Salz und Gewürze zufügen und kurz mitrösten. Gewaschene und geviertelte Tomaten zugeben und kurz anbraten. 250 ml Wasser heißes Wasser zufügen, 15 Min. kochen lassen und dann pürieren.

3.106 Ungarischer Reissalat

Fördert Verdauung, hilft Fett zu verdauen, harntreibend, senkt Blutdruck, stärkt Nieren und Blase, erwärmt den Körper von innen, erweitert die Gefäße, stärkt die Muskeln, reguliert Innenorganfunktionen.
Anzahl Portionen: 2
Kalorien p. Portion 421
Gramm p. Portion 323,75
Kochdauer ca. 25 Min.
Allergene: GM
(Kohlehydrat:54,13% / Eiweiß & Fett:45,87%)
100g.≈ Eiweiß 8,23g. Fett:14,84g.
µg. - Ph:37,91 Na:20,49 Ka:52,31 Mg:11,09 Ca:28,82 Fe:0,24 Zn:0,12 Col.:0,77 Hsr.:9,26

Zutaten:
Reis Vollkorn 1/2 Tasse / 60g. (empfehlenswert)
Wasser 3 Tassen / 300g. (ja)
Salz 1 Prise / 0,3g. (wenig)
Tomate 100 g. / 100g. (empfehlenswert)
Paprika 50 g. / 50g. (empfehlenswert)
Champignon 30 g. / 30g. (ja)
Edamer 30 g. / 30g. (ja)
Joghurt (natur, 1,5 % Fett) 45 g. / 45g. (empfehlenswert)

Salz 1 Prise / 1g. (wenig)
Kräuter verschiedene 1 EL / 8g. (ja)
Rapsöl 2 EL / 20g. (empfehlenswert)
Senf 1 TL / 3g. (ja)
Pfeffer gemahlen 1 Prise / 0,2g. ()

Kochanleitung:
Reis in reichlich kochendem Salzwasser körnig weich kochen und abtropfen lassen. Tomaten und Paprikaschote waschen und entkernen. Beide klein würfeln. Champignons (aus der Dose oder in Rapsöl kurz anrösten) und Käse in kleine Würfel schneiden und zum Reis geben. Marinade herstellen und mit den Zutaten vermischen. Kühl stellen und mindestens 1 Std. durchziehen lassen.

3.107 Vitamindrink

Reguliert Magen-Darm-Funktion, stärkt Milz und Leber, senkt Blutdruck, bakterizid, stärkt Immunsystem, beugt Krebs vor.

Anzahl Portionen:	3
Kalorien p. Portion	172
Gramm p. Portion	273,33
Kochdauer ca.	5 Min.

Allergene:
(Kohlehydrat:91,86% / Eiweiß & Fett:8,14%)
100g.≈ Eiweiß 2,79g. Fett:0,57g.
µg. - Ph:9,44 Na:2,63 Ka:80,69 Mg:7,39 Ca:10,07 Fe:0,28 Zn:0,03 Col.:0 Hsr.:6,17

Zutaten:
Orangensaft 300 ml. / 300g. (ja)
Karotte (Mohrrübe, Möhre) 200 g. / 200g. (empfehlenswert)
Banane 2 Stück / 300g. (ja)
Kiwi 1 Stück / 20g. (ja)

Kochanleitung:
Orangen, Karotten, Bananen und die Kiwi grob zerkleinern und mit dem Mixstab fein pürieren.

3.108 Weizengrießklößchen mit Olivenkräutersoße und Salat

Schont die Verdauungsorgane, entgiftet, löst Stagnation, lindert Müdigkeit. Gut bei Appetitlosigkeit, Blähungen, Darmentzündung, Fettsucht, Gicht, Magengeschwür, Magenkrämpfen, Rheuma, Sodbrennen.

Anzahl Portionen: 3
Kalorien p. Portion 245
Gramm p. Portion 291,17
Kochdauer ca. 15 Min.
Allergene: ACGL
(Kohlehydrat:76,69% / Eiweiß & Fett:23,31%)
100g.≈ Eiweiß 7,65g. Fett:9,47g.
µg. - Ph:13,31 Na:7,52 Ka:19,16 Mg:23,89 Ca:91,54 Fe:0,29 Zn:0,04 Col.:3,02 Hsr.:8,16

Zutaten:
Sahne, süß 30% 40 g. / 40g. (wenig)
Wasser 65 ml / 65g. (ja)
Weizen Gries 100 g. / 100g. (ja)
Huhn Ei 1 Stück / 60g. (ja)
Pfeffer gemahlen 1 Prise / 0,5g. ()
Zitrone Schale 1 Prise / 1g. (ja)
Zwiebel weiss 1 Stück / 60g. (ja)
Olivenöl 1 TL / 2g. (ja)
Lauchzwiebel Schnittlauch 1 EL / 7g. (ja)
Grundrezept für eine Gemüsebrühe nahrhaft 500 ml / 500g. (ja)
Kopfsalat 2 Handvoll / 30g. (empfehlenswert)
Olivenöl 1 TL / 3g. (ja)
Zitrone Saft 1 TL / 3g. (ja)
Oregano frisch 1 TL / 2g. (ja)

Kochanleitung:
Sahne und Wasser mischen und zum Kochen bringen. Den Weizengrieß einrühren und zu einem dicken Brei kochen. Vom Herd nehmen, das Ei verquirlen und unterrühren, mit Pfeffer und etwas geriebener Zitronenschale würzen. Mit 2 Kaffeelöffeln Klößchen abstechen und in der leicht kochenden Gemüsebrühe ziehen lassen, bis sie oben schwimmen. Die Zwiebel klein hacken, im Olivenöl in einer Pfanne rösten, die Grießklößchen darin schwenken und auf Teller geben. Mit fein geschnittenem Schnittlauch bestreuen. Salat waschen und in feine Streifen schneiden. Mit Olivenöl, Zitronensaft und Oregano würzen.

3.109 Zucchini mit Basilikum-Pesto

Gut bei Blähungen und Übelkeit, entkrampfend und beruhigend. Fördert Verdauung, stärkt Magen und Verdauungssystem, entgiftet, bakterizid, stärkt Muskeln und Knochen, harntreibend, löst Stagnation.
Anzahl Portionen: 3
Kalorien p. Portion 467
Gramm p. Portion 255
Kochdauer ca. 25 Min.

Allergene: ACGHL
(Kohlehydrat:62% / Eiweiß & Fett:38%)
100g.≈ Eiweiß 15,92g. Fett:20,94g.
µg. - Ph:11,85 Na:6,22 Ka:20,93 Mg:4,55 Ca:15,48 Fe:0,13 Zn:0,08 Col.:3,09 Hsr.:6,08

Zutaten:
Basilikum (frisch) 1 Bund / 125g. (ja)
Olivenöl 1 EL / 20g. (ja)
Mandeln 1 EL / 15g. (ja)
Parmesan 30 g. / 30g. (ja)
Grundrezept für eine Gemüsebrühe nahrhaft 3 EL / 45g. (ja)
Zitrone Schale 1 TL / 3g. (ja)
Zitrone 1 TL / 3g. (ja)
Oregano getrocknet 2 TL / 15g. (ja)
Kümmel 1 Prise / 1g. (ja)
Salz 1 Prise / 1g. (wenig)
Pfeffer gemahlen 1 Prise / 1g. ()
Nudeln (Weizen, Spagetti) mit Ei 200 g. / 200g. (ja)
Salz 1 Prise / 1g. (wenig)
Olivenöl 1 EL / 15g. (ja)
Zwiebel Frühlingszwiebel 2 Stück / 40g. (ja)
Zucchini 250 g. / 250g. (empfehlenswert)

Kochanleitung:
Basilikum, Olivenöl, geriebene Mandeln, Parmesan, Gemüsebrühe und geriebene Zitronenschale zu einer glatten, geschmeidigen Creme pürieren. Pesto mit Salz, Oregano, Kümmel und Pfeffer abschmecken. Die Spaghetti mit etwas Salz in reichlich Wasser bissfest kochen. Olivenöl in einer Pfanne erhitzen und die Frühlingszwiebeln unter Rühren darin weich braten. Zucchini dazugeben und kurz mitbraten. Die Zucchini sollen weich, aber mit Biss sein. Mit Salz abschmecken. Die gut abgetropften Spaghetti mit den Zucchini und dem Pesto in einer Schüssel vermischen und mit Salz und Pfeffer abschmecken. Empfehlenswert bei Schluckstörungen, Appetitlosigkeit, Kalium- und Magnesiumbedarf.

3.110 Zucchini-Grieß-Cremesuppe

Gut bei Appetitlosigkeit, Blähungen, Darmentzündung, Rheuma, Sodbrennen. Senkt Blutdruck, fördert Gewichtsabnahme.

Anzahl Portionen:	4
Kalorien p. Portion	146
Gramm p. Portion	341,75
Kochdauer ca.	25 Min.
Allergene:	AGL

(Kohlehydrat:78% / Eiweiß & Fett:22%)
100g.≈ Eiweiß 4,02g. Fett:7,8g.
µg. - Ph:1,7 Na:0,83 Ka:9,09 Mg:4,88 Ca:18,35 Fe:0,08 Zn:0,02 Col.:0,22 Hsr.:0,82

Zutaten:
Butter Bio 20 g. / 20g. (ja)
Weizen Gries 2 EL / 20g. (ja)
Petersilie 1 Bund / 100g. (ja)
Grundrezept für eine Gemüsebrühe nahrhaft 800 ml. / 800g. (ja)
Liebstöckel 1/2 TL / 2g. (ja)
Muskatnuss 1 Prise / 0,5g. (ja)
Anis (gemeiner Fenchel) 1 Prise / 0,5g. (ja)
Zucchini 400 g. / 400g. (empfehlenswert)
Ingwer frisch 1/2 TL / 1g. (ja)
Creme fraiche 2 EL / 20g. (ja)
Zitrone Schale 1/4 Stück / 2g. (ja)
Salz 1 Prise / 1g. (wenig)
Pfeffer gemahlen 1 Prise / 0,5g. ()

Kochanleitung:
Butter in einem Topf schmelzen, Grieß hinzufügen und unter Rühren kurz anrösten. Die Hälfte der gehackten Petersilie dazugeben, kurz andünsten, mit Gemüsebrühe (nach Grundrezept) aufgießen, mit gehacktem Liebstöckel, Muskat und Anis würzen. Suppe ohne Deckel 10 Min. leicht kochen, kleingeschnittene Zucchini und ein kleines Stück Zitronenschale dazugeben und weitere 5 Min. köcheln lassen, bis die Zucchini weich sind. Zitronenschale entfernen und mit dem Mixstab zusammen mit der Crème fraîche und der restlichen Petersilie fein pürieren.

4 Wirkung der Lebensmittel

4.1 Zutaten verwenden: empfehlenswert

Apfel (sauer)
Apfel (süß)
Apfelmus
Birne
Blattsalate (bitter)
Blumenkohl (Karfiol)
Bohnen (grün, frisch)
Bohnenkraut
Borretsch
Brokkoli
Brombeere
Chicorée
Chinakohl
Erdbeere
Feldsalat
Fenchel
Fischstücke gemischt (Süßwasser)
Flaschenkürbis
Forelle
Gemüsesaft
Gurke
Gurke (bitter)
Gurke (Gewürzgurke)
Hafer Flocken (Vollkorn)

Hafer Schmelzlocken (Babynahrung)
Hagebutte
Hagebuttentee
Hering
Himbeere
Joghurt (natur, 1,5 % Fett)
Johannisbeere (rot)
Johannisbeere (schwarz)
Johannisbeere (weiß)
Kabeljau
Karotte (Frühkarotte)
Karotte (Mohrrübe, Möhre)
Karottensaft ohne Zucker
Kirsche
Kirsche (sauer)
Kohlrabi
Kohlrübe
Kopfsalat
Kräuterteemischung
Lachs
Leinöl
Linsen (Helmbohnen)
Maiskeimöl
Makrele
Maniokmehl
Mittelmeerfisch (Kabeljau, Scholle, Schellfisch, Seeaal, Makrele)
Müsli
Nudeln (Vollkorn) mit Ei
Paprika
Pfirsich
Pfirsich (Dose)
Pflaume
Preiselbeere
Preiselbeersaft
Pute Brustfleisch
Radicchio
Radieschen
Rapsöl
Reis Reisschleim
Reis Vollkorn
Reis Wilder (Naturreis)
Rettich (weiß, grün, lila-rot)
Rettich Meerrettich (Kren)
Rhabarber
Roggen Vollkornbrot
Rosenkohl
Rotbarsch
Rote Rübe
Rotkohl
Schmelzkäse 12%
Scholle
Sellerie Knolle
Sellerie Stangensellerie
Sesamöl
Soja Cuisine (Soja-Sahne)
Sojabohne
Spargel (grün oder weiß)
Speiserüben
Thunfisch
Tomate
Topfen (Quark) 20%
Vogerlsalat (Pflücksalat)
Vollkornbrot
Vollkornbrot mit ganzen Körner
Vollkornmehl
Wacholderbeere
Wachskürbis
Walnüsse
Wassermelone
Weißkohl/Weißkraut
Weizen Mehl Vollkorn
Weizen/Roggen Grau- Schwarzbrot mit Hefe
Weizenkeimöl
Weizenkleie
Wildkräuter
Wirsing/Grünkohl
Zucchini
Zwetschken

4.2 Zutaten verwenden: ja

Aal
Aal geräuchert
Acerola Fruchtnektar oder Pulver
Adzukibohnen
Agar-Agar, Agartang
Agavendicksaft
Ahornsirup
Aloesaft
Amaranth
Amaranth POPS
Ananas
Ananas (aus der Dose)
Ananassaft ungezuckert
Andornkraut
Angelikawurzel
Anis (gemeiner Fenchel)
Apfelsaft (Naturtrüb)
Aprikose
Aprikose getrocknet
Aprikosen Marmelade
Aprikosennektar
Artischocke

Aubergine
Austern
Austernpilze
Austernschalenpulver
Avocado
Backpulver
Baldrian
Bambussprossen
Banane
Banane Kochbanane
Banchatee
Bärentraubenblätter
Bärlauch (Knoblauchspinat)
Barsch
Basilikum
Basilikum (frisch)
Bataviasalat
Beeren der Saison
Beerensaft
Benediktinerdistel
Berberitzenrindetee
Birnensaft
Bitter Lemon
Bitterklee
Bitterorangenschale
Blätterteig
Blütenpollen
Bocksdornfrüchte (Fructus Lycii) getrocknet
Bockshornklee
Bohnenöl
Borretschöl
Boxhornkleesamen
Bratöl
Brennnessel
Brie
Brombeerblätter
Brombeere getrocknet (unreife)
Brombeermarmelade
Brösel (Weizenbrot, Semmel)
Brot mit Johannisbrotkernmehl
Buchweizen
Buchweizen (geröstet) Kasha
Buchweizen Vollkorn
Bulgur (Getreide)
Buschbohnen
Butter (halbfett)
Butter Bio
Butterbohnen weiße
Buttermilch
Calamari
Camembert
Cashewnüsse
Champignon
Channa-Dal
Chenpi (chinesische Mandarinenschale)
Chili (Schote oder gemahlen)
Chlorella (Süßwasser)
Chrysanthemenblütentee
Clementinen
Colagetränk (kalorienarm)
Couscous
Cranberries
Creme fraiche
Cumin (Kreuzkümmel)
Curry
Currypaste rot
Dashi
Datteln getrocknet
Datteln rot
Dill
Dinkel
Dinkel Brot
Dinkel Flocken
Dinkel Gries
Dinkel Vollkornmehl
Distelöl
Dornhai (Seeaal, Schillerlocken)
Dorsch
Dulse (Lappentang)
Edamer
Eibennuss
Eibisch (Hibiscus)
Eisbergsalat
Emmentaler
Endiviensalat
Ente (Frühmastente, schlachtfrisch)
Ente (Herz)
Entenei
Enzianwurzel
Erbse, grün
Erbsen
Erdbeermarmelade
Erdbeersaftgetränk
Erdnussbutter
Erdnüsse
Erdnussöl
Essig (Apfelessig)
Essig (Rotweinessig)
Essig Aceto Balsamico
Essig Aceto Balsamico weiss
Essiggurke
Estragon
Färberdiestel (Hong Hua)
Färberginsterkraut
Fasan
Feige

Feige getrocknet
Fenchelsamen gemahlen
Fencheltee
Feta
Fischsouce
Flohsamen
Flunder
Forelle (geräuchert)
Frischkäse
Frischkäse aus Soja
Frischkäse mit Kräuter
Früchtetee
Fruchtzucker (Fruktose, Traubenzucker)
Gagelpflaume
Galgant
Gans
Gans (Gänseklein)
Gans (Gänseschmalz)
Gänseblümchen
Gänseblut
Gänseei
Garam Masala Pulver
Garnele
Gelatine weiss
Gelee Royal
Gerste
Gerste (Nacktgerste)
Gerste (Perlgerste)
Gerstengras Pulver
Gerstengraupen
Gerstengrütze
Gerstenmalz
Gerstenmehl
Getreidekaffee
Gewürznelke
Ginkgofrucht
Ginsengwurzel
Glühweingewürzmischung
Gorgonzola
Gouda
Granatapfel
Grapefruit getrocknete Schale
Grapefruit/Pampelmuse/Pomelo
Grapefruitsaft
Graskarpfen
Grundrezept für eine Entenbrühe
Grundrezept für eine Fischbrühe
Grundrezept für eine Gemüsebrühe nahrhaft
Grundrezept für eine Hühnerbrühe wärmend
Grundrezept für eine Reissuppe (Congee)
Grundrezept für eine Rinderbrühe
Grundrezept für eine Rinderbrühe wärmend
Grüner Tee
Grünkern
Guave
Hafer
Hafer Flocken geröstet
Hafer Mehl
Hafer Milch
Hafer Schrot
Haifisch
Hammel
Hase
Hase, wild
Haselnüsse
Hefe
Heidelbeere
Heidelbeere getrocknet
Heidelbeermarmelade
Heidelbeersaft
Heilbutt
Hibiskustee
Hijiki
Himbeerblättertee
Himbeere getrocknet (unreife)
Himbeermarmelade
Hiobstränе (Samen) YiYi Ren
Hirsch Fleisch
Hirsch Knochen
Hirsch Nieren
Hirse
Hirseflocken
Hokkaidokürbis
Holunderbeeren
Holunderblütentee
Honig
Honigmelone
Hopfen
Huhn Blut
Huhn Ei
Huhn Eiweiß
Huhn Fleisch
Huhn Herz
Huhn Magen
Hummer
Hüttenkäse
Ingwer frisch
Ingwer Pulver
Ingweröl
Jakobstränen
Jasminblütentee
Joghurt (natur, 3,5 % Fett)
Johannisbeermarmelade (rot)

Johannisbeermarmelade (schwarz)
Johannisbeernektar (schwarz)
Johannisbrotkernmehl
Kaffee
Kaffeeweißer
Kakao
Kaki-Pflaume
Kaktusfeige
Kalmus
Kamille
Kaninchen Fleisch
Kaninchen Leber
Kapern (eingelegt)
Kapuzinerkresse
Karambole/Sternfrucht
Karausche
Kardamom
Karpfen
Kartoffel
Kartoffel (mehlige)
Kartoffelmehl
Käsepappeltee
Kastanien (Maronen)
Kaviar
Kefir
Kerbel
Kerbel getrocknet
Kichererbsen
Kirschenkompott
Kirschsaft
Kiwi
Klementine
Klettenwurzeltee
Knäckebrot
Knoblauch
Kokosflocken
Kokosmilch
Kokosnussfleisch
Kokosraspeln
Kombualge
Kompott (Früchte der Saison)
Koriander
Koriandergrün
Korinthen (rot)
Korinthen (schwarz)
Krabbe
Krake
Kräuter bittere
Kräuter der Provence
Kräuter verschiedene
Kräuter Wildkräuter
Kresse
Kuhmilch (1,5 % Fett)
Kuhmilch (Vollmilch 3,5 % Fett)
Kukichatee
Kümmel
Kümmel gemahlen
Kumquat
Kürbis
Kürbiskerne
Kürbiskernöl
Kurkuma (Gelbwurz)
Kuzu
Lamm Fleisch
Lamm Knochen
Lamm Schulter
Languste
Lauch (Porree)
Lauchzwiebel Schnittlauch
Laugengebäck
Lavendelblüten
Leberglättertee
Leinsamen
Leinsamen (geschrotet)
Liebstöckel
Liebstöckelsamen
Limabohnen
Lindenblütentee
Linsen gelb
Linsen rot
Linsen schwarz
Löffelbiskuit
Longane
Loquate/Japanische Mispel
Lorbeerblatt
Lotossamen
Lotoswurzeln
Löwenzahn (junger)
Löwenzahnsaft
Löwenzahnwurzeltee
Luohan-Frucht
Lychee
Lychee (Konserve)
Magermilchpulver
Mais
Mais (geröstet)
Mais (Schnellpolenta)
Mais Gries (Polenta)
Mais Mehl (Maizena)
Maishaartee
Maisstärke
Majoran
Makannastern Samen
Malventee
Malz
Mandarine
Mandelmilch
Mandelmus

Mandeln
Mandeln Marzipan
Mango
Mangold
Mangopulver
Mangosaft
Margarine
Margarine (Diät)
Marillen
Marillensaft
Maulbeerfrucht
Meeräsche
Meereskrebs
Mehrkornbrot (Graubrot)
Melisse
Miesmuscheln
Mineralwasser
Mirabelle
Miso
Miso schwarz (fermentiert)
Mispel
Mixed Pickels
Mohn
Molke
Moosbeere
Morchel (schwarz, getrocknet)
Mozzarella
Mu-Erh-Pilz
Mungbohne
Mungbohnensprossen
Muskatnuss
Nachtkerzenöl
Nektarine
Nelke
Nierenbohnen (rote)
Nori, Purpurtang, Rotalge
Nudeln (Weizen) mit Ei
Nudeln (Weizen, Bandnudeln) mit Ei
Nudeln (Weizen, Lasagneblätter) mit Ei
Nudeln (Weizen, Spagetti) mit Ei
Obstmischung Fruchtsaft
Odermennig
Okra
Oliven
Oliven grün
Olivenöl
Orange
Orange abgeriebene Schale
Orange getrocknete Schale
Orange Schale
Orangenblüten
Orangenmarmelade
Orangensaft
Oregano frisch
Oregano getrocknet
Palmöl
Papaya
Paprika (Rosenpaprikapulver)
Paprika (süß)
Paranuss
Parmesan
Passionsblumenblütentee
Passionsfrucht (Maracuja)
Pastinake
Peperoni
Peperoni, gelb, entkernt, halbiert
Peperoni, rot, entkernt, halbiert
Petersilie
Petersilienwurzel
Pfeffer Cayenne
Pfeffer Körner
Pfeffer weiss (gemahlen)
Pfefferminze
Pfefferminztee
Pfeilwurzelmehl
Pferd Fleisch
Pfifferlinge/Eierschwammerl
Pflaume getrocknet
Piment
Pinienkerne
Pintobohnen gesprenkelt
Pistazien
Preiselbeermarmelade
Puddingpulver Vanille
Pumpernickel
Pute Schinken
Qualle
Quargel 20%
Quinoa
Quitte
Reh Fleisch
Reineclaude
Reis Basmatireis
Reis Duftreis
Reis Gaoliangreis (Sorghum)
Reis Klebreis
Reis Langkornreis
Reis Roter
Reis Rundkornreis
Reis Schwarzer
Reis Sorte beliebig
Reis Süßer
Reishi
Reismalz
Reismehl
Reisnudeln
Reisstärke
Rettich schwarz

Rettichblätter (vom Wochenmarkt)
Rind (Kalb)
Rind Filet
Rind Fleisch
Rind Fleischknochen
Rind Herz
Rind Herz (Kalb)
Rind Knochenmark
Rind Lunge (Kalb)
Rind Magen
Rind Ochsenschwanzstücke
Rind Suppenfleisch
Roggen
Roggenmehl
Römersalat/Lattich-Salat
Rosenblättertee
Rosenblütentee
Rosinen
Rosmarin
Rote Grütze (ohne Zucker)
Safran
Sago (Getreide)
Sahne sauer 10%
Sahne sauer 20%
Sahne sauer 30%
Sake
Salbei
Salz Kräutersalz
Sanddorn
Sardellen/Sardine
Saubohnen (Dicke Bohnen)
Sauerampfer
Sauerkirsche
Sauerkraut
Sauermilch
Sauerrahm 15% Fett
Sauerteig
Schaffleisch
Schafgarbe
Schafgarbentee
Schafmilch Joghurt
Schafskäse
Schafsmilch
Schimmelkäse
Schlehdorn
Schmelzkäse 30%
Schnecke
Schwarzaugenbohnen
Schwarze Bohnen
Schwarzer Fungu Pilz
Schwarzkümmel
Schwarztee
Schwarzwurzel
Schwedenkraut (Schwedenbitter)
Schwein Blut
Schwein Bratwurst
Schwein Darm
Schwein Fett
Schwein Fleisch
Schwein Haut
Schwein Haxe (Eisbein)
Schwein Hirn
Schwein Lunge
Schwein Magen
Schwein Markknochen (Röhrenknochen)
Schwein Mettwurst
Schwein Schinken
Schwein Schinken gekocht
Schwein Schinken geselcht
Schwein Schinkenspeck
Seegurke
Senf
Senf Dijon
Senf mittelscharf
Senf süß
Senfsamen
Sesam Paste (Tahini)
Sesam, Schwarzer
Sesam, Weißer
Sesamöl geröstet
Shiitake, getrocknet
Shrimps
Silbermorchel, getrocknet
Soja Tofu
Soja Tofu geräuchert
Sojabohnen, Gelbe
Sojabohnen, Schwarze
Sojabohnen, Schwarze, fermentiert
Sojabohnenmilch
Sojacreme
Sojamehl
Soja-Nudeln
Sojaöl
Sojapaste (Miso)
Sojasauce
Sonnenblumenkerne
Sonnenblumenöl
Spinat
Spitzwegerichtee
Stachelbeere
Stangenbohnen (Fisolen)
Steinpilz/Herrenpilz
Sternanis
Stevia (Süßkraut)
Stutenmilch
Süßholzwurzeltee
Süßkartoffel

Süßwasserfisch
Süßwasserkrebs
Tabasco
Taube
Taube Ei
Teemischung Harnsäuresenkend
Thymian
Thymian getrocknet
Tintenfisch
Toastbrot (Vollkorn)
Tomate getrocknet
Tomatenmark
Tomatenpüre
Tomatensaft
Tonicwasser
Topfen (Quark) 40%
Trauben rot
Trauben weiß
Traubenkernöl
Traubensaft rot
Traubensaft weiß
Trüffel
Tsampa (geröstetes Gerstenmehl)
Umeboshipaste
Umeboshipflaumen (Japanaprikosen)
Vanille
Vanillepulver
Vanilleschote
Vanillezucker natur
Vogelmiere
Wachtel
Wachtel Ei
Wakame
Walderdbeeren
Walnüsse geröstet
Walnussöl
Wasser
Wasser heiss
Weißdorn
Weiße Bohnen
Weißfischchen
Weißwurz
Weizen
Weizen Bulgurweizen
Weizen Fladenbrot
Weizen Flocken
Weizen Gras Pulver
Weizen Gries
Weizen Gries - Kindergries
Weizen Mehl
Weizengrassaft
Wermutkraut
Wildschwein Fleisch
Yamswurzel, Yamswurzelknolle
Yogitee
Ysop
Ziege
Ziegen- und Schafsblut
Ziegen- und Schafshirn
Ziegen- und Schafsmagen
Ziegen- und Schafsmilch
Ziegenkäse
Zimtpulver
Zimtstange
Zitrone
Zitrone Saft
Zitrone Schale
Zitrone, Limette
Zitronengras
Zitronenmelisse (frisch)
Zitronenmelisse (getrocknet)
Zucker Fructose Fruchtzucker
Zucker Glukose Traubenzucker
Zucker Milchzucker
Zuckerersatz (Süßstoff)
Zwieback
Zwiebel Frühlingszwiebel
Zwiebel rot
Zwiebel Schalotte
Zwiebel weiss

4.3 Zutaten verwenden: wenig

Bier (alkoholarm)
Bier (alkoholfrei)
Bier (Altbier)
Bier (Pils)
Bitterlikör
Brötchen (Semmel)
Butterschmalz
Campari
Colagetränk
Erdnuss (geröstet)
Fernet Branca (Kräuterbitterlikör)
Fisch Innereien
Fischreste
Ginsenglikör
Honigwein (Met)
Huhn Eigelb
Huhn Leber
Kokosfett
Lamm Leber
Lamm Nieren
Lycheelikör
Malzbier

Martini
Mayonnaise 50%
Mayonnaise 80%
Prosecco
Rind Leber
Rind Niere
Rotwein
Rum
Sahne, süß 30%
Salz
Schnaps
Schokolade
Schokolade (Diabetiker)
Schwein Herz
Schwein Leber
Schwein Nieren
Schwein Schmalz
Sherry
Weißbrot (Weizenbrot)
Weißbrot Baguette
Weißbrot Brösel (Weizenbrot)
Weißbrot Knödelbrot (Weizenbrot)
Weißbrot Salzstangerl
Weißbrot Semmel
Weißwein
Weizen Bier
Wermut
Ziegen- und Schafsleber
Zucker (Staubzucker)
Zucker (weiß, aus Rüben)
Zucker braun
Zucker Kandis weiß
Zucker Melasse
Zucker Palmzucker
Zucker Ursüße (Zuckerrohr) süß

4.4 Kontraindikativ wirkende Lebensmittel nicht verwenden

Astronautenkost

5 Komplementär

5.1 Dekokt (Abkochung)

5.1.1 Kardamom

Fördert Verdauung, nährt Knochen und Sehnen, löst Blähungen, kontrolliert übermäßigen Harndrang, hilft bei Verdauungsschwäche.
Abkochung aus 3-10 g, in zwei Dosen auf leeren Magen trinken
Nicht anwenden bei: Magengeschwüren
Wirkstoffe: Fettes Öl, Zucker, Eiweiss, Gummi, Stärke, viele weitere Inhaltstoffe.

5.2 Heil-Tee (Aufguss)

5.2.1 Kümmel

Fördert Verdauung. Gut gegen Appetitlosigkeit, Magenschwäche, Diarrhöe, Übelkeit, Darmkoliken, Magenkrämpfe, Husten.

5.2.2 Wermut

Gut gegen Appetitlosigkeit, Verdauung schwäche, Magenkrämpfe, Blähungen, Gastritis, Erschöpfung, Reizbarkeit, Medikamenten- und

Nahrungsmittelunverträglichkeit, Fieber, Grippale Infekte, Parasiten.
1 TL auf 1/2l Wasser
Wermut - Wird nicht nur verwendet, um Würmer zu eliminieren; er ist außerdem eine höchst wirksame Leber- und Verdauungshilfe. Er ist auch dabei behilflich, Blockaden zu entfernen, die eine träge Menstruation erzeugen. Es ist immer am Besten dieses Kräutermittel in Verbindung mit anderen Kräutern einzunehmen.
Medizinische Anwendungen: Blutarmut, Arthritis, Blähungen, Kreislauf, Erkältungen, Verstopfung, Depression, Ödeme, Ohrenschmerzen, Fieber, Frauenleiden, Winde, Gallenblase, Gallensteine, Gicht, Herzbrennen, Hepatitis, Gelbsucht, Nierenleiden, morgendliche Übelkeit, Übelkeit, Fettleibigkeit, Parasiten, Rheumatismus, Magenleiden, Würmer.
Eigenschaften: Abortiv wirkend, alterativ, Appetit fördernd, Wurmmittel, antibiotisch, Anti-Depressionsmittel, entzündungshemmend, fiebersenkend, antiseptisch, aromatisch, Bittertonikum, Mittel gegen Blähungen, galletreibend, verdauungsfördernd, Eintritt der Monatsblutung förderndes Mittel, magenstärkend, Wurmmittel.
Nicht in der Schwangerschaft verwenden. Es ist immer am Besten, dieses Kräutermittel in Verbindung mit anderen Kräutern einzunehmen.

5.3 Pulver

5.3.1 Acerola

Reich an Vitamin C. Vitamin C gehört zu den fünf wichtigsten Antioxidantien. Es zählt zu den wirksamsten Gegenspielern der sogenannten freien Radikalen. Hemmt die Histaminfreisetzung (bei Allergien)
Saft, Fruchtfleisch, Konzentrat und Pulver
1g Acerolapulver (½ Teelöffel), in ein Getränk oder unter Müsli, Joghurt usw. mischen
Reich an Vitamin C. Beliebt ist die Verwendung von Saft, Fruchtfleisch, Konzentrat und Pulver als Vitaminanreicherung anderer Fruchtsäfte. Als Säurezusatz zur Verstärkung des Eigenaromas anderer Früchte oder zur Speiseeis-, Konfitüre- und Gelee-Herstellung.

6 Grundlagen der Ernährung

Die hier beschriebenen Grundlagen der Ernährung zeigen allgemeine Empfehlungen und beziehen sich nicht auf eine spezielle Therapieform. Die Empfehlungen der Therapie haben Vorrang.

6.1 Ernährung

Die regelmäßige Einnahme von Mahlzeiten in entspannter Atmosphäre. Ein wärmendes Frühstück gilt als guter Start in den Tag.
Mittags sollte die Hauptmahlzeit stattfinden - das Abendessen am frühen Abend.

Die Beachtung von Hunger- und Sättigungsgefühlen: Nicht überessen und nicht hungern, so lautet die Regel.

Die frische Zubereitung der Speisen aus naturbelassenen, regionalen Produkten. Tiefgekühlte, hitzekonservierte, industriell vorgefertigte oder mikrowellengegarte Lebensmittel werden gemieden.

Die Auswahl von Lebensmittel nach der Jahreszeit: Im Sommer mehr kühlende Nahrung, im Winter mehr wärmende Nahrung.

Mindestens zweimal am Tag Gekochtes essen. Speisen und Getränke sollen möglichst handwarm, niemals eiskalt oder heiß sein.

Rohkost, kurz gegartes Gemüse, frisch gepresste Säfte und Mineralwasser werden üblicherweise nicht empfohlen. Milch und Milchprodukte stehen nur dann auf dem Speiseplan, wenn sie problemlos vertragen werden.

Therapeutische Rezepte nicht über einen längeren Zeitraum ohne Rücksprache mit dem Arzt oder Therapeuten einnehmen.

1. Vielseitig essen
Lebensmittelvielfalt genießen. Merkmale einer ausgewogenen Ernährung sind abwechslungsreiche Auswahl, geeignete Kombination und angemessene Menge nährstoffreicher und energiearmer Lebensmittel. (Einerseits Schutz vor Unterversorgung mit essentiellen Nährstoffen und andererseits Schutz vor einer überhöhten Zufuhr unerwünschter Inhaltsstoffe.)

2. Reichlich Getreideprodukte - und Kartoffeln
Brot, Nudeln, Reis, Getreideflocken (am besten aus Vollkorn), sowie

Kartoffeln enthalten kaum Fett, aber reichlich Vitamine, Mineralstoffe, Spurenelemente sowie Ballaststoffe und sekundäre Pflanzenstoffe. Diese Lebensmittel sollten mit möglichst fettarmen Zutaten verzehrt werden.

3. Gemüse und Obst - Nimm "5" am Tag ...
5 Portionen Gemüse und Obst am Tag, möglichst frisch, nur kurz gegart, oder auch eine Portion als Saft – idealerweise zu jeder Hauptmahlzeit und auch als Zwischenmahlzeit: Damit werden reichlich Vitamine, Mineralstoffe sowie Ballaststoffe und sekundären Pflanzenstoffe (z.B. Carotinoiden, Flavonoiden) zugeführt. Das Beste, was man für die eigene Gesundheit tun kann.

4. Täglich Milch und Milchprodukte, ein- bis zweimal in der Woche
Fisch; Fleisch, Wurstwaren sowie Eier in Maßen. Diese Lebensmittel enthalten wertvolle Nährstoffe, wie z.B. Calcium in Milch, Jod, Selen und Omega-3-Fettsäuren in Seefisch. Fleisch ist wegen des hohen Beitrags an verfügbarem Eisen und an den Vitaminen B1, B6 und B12 vorteilhaft. Mengen von 300 - 600 g Fleisch und Wurst pro Woche reichen hierfür aus. Fettarme Produkte bevorzugen, vor allem bei Fleischerzeugnissen und Milchprodukten.

5. Wenig Fett und fettreiche Lebensmittel
Fett liefert lebensnotwendige (essenzielle) Fettsäuren und fetthaltige Lebensmittel enthalten auch fettlösliche Vitamine. Fett ist besonders energiereich, daher kann zu viel Nahrungsfett Übergewicht fördern, möglicherweise auch Krebs. Zu viele gesättigte Fettsäuren fördern langfristig die Entstehung von Herz-Kreislauf-Krankheiten. Pflanzliche Öle und Fette bevorzugen (z.B. Raps-, Oliven- und Sojaöl und daraus hergestellte Streichfette). Auf unsichtbares Fett achten, das in Fleischerzeugnissen, Milchprodukten, Gebäck und Süßwaren sowie in Fast-Food- und Fertigprodukten meist enthalten ist. Insgesamt 70 - 90 Gramm Fett pro Tag reichen aus.

6. Zucker und Salz in Maßen
Nur gelegentlich Zucker und Lebensmittel, bzw. Getränke verzehren, die mit verschiedenen Zuckerarten (z.B. Glucose Sirup) hergestellt wurden. Kreativ mit Kräutern und Gewürzen und wenig Salz würzen. Jodiertes Speisesalz bevorzugen.

7. Reichlich Flüssigkeit
Wasser ist absolut lebensnotwendig. Jeden Tag rund 1-2 Liter Flüssigkeit trinken. Wasser (ohne oder mit Kohlensäure) und andere kalorienarme Getränke bevorzugen. Alkoholische Getränke sollten nicht konsumiert

werden.

8. Schmackhaft und schonend zubereiten
Die jeweiligen Speisen bei möglichst niedrigen Temperaturen garen, soweit es geht kurz, mit wenig Wasser und wenig Fett - das erhält den natürlichen Geschmack, schont die Nährstoffe und verhindert die Bildung schädlicher Verbindungen.

9. Sich Zeit nehmen und das Essen genießen
Bewusstes Essen hilft, richtig zu essen. Auch das Auge isst mit. Sich beim Essen Zeit lassen. Das macht Spaß, regt an, vielseitig zuzugreifen und fördert das Sättigungsempfinden.

10. Auf das Gewicht achten und in Bewegung
Ausgewogene Ernährung, viel körperliche Bewegung und Sport (30 bis 60 Minuten pro Tag) gehören zusammen. Mit dem richtigen Körpergewicht fühlt man sich wohl und fördert die Gesundheit.
Thermik, Wirkrichtung, Verdauungskraft
Es gibt unterschiedliche Kriterien, die Wirksamkeit von Kräutern und Lebensmittel zu beurteilen. Der Einsatz der Kräuter und Zutaten basiert auf Beobachtung, was die Lebensmittel, Kräuter und Gewürze nach ihrem Verzehr im Körper bewirken. In der Medizin hat sich daraus folgendes System entwickelt: Jede Zutat oder Kraut hat eine Wirkrichtung. Außerdem gibt es noch Kräuter, die eine besondere Wirkung auf bestimmte Organe haben.

Voraussetzung für einen gesunden Stoffwechsel ist es, darauf zu achten, dass wir ausreichend Energie aus der Nahrung gewinnen und der Verdauungsprozess so wenig Energie wie möglich verbraucht. Eine bekömmliche Mahlzeit macht zufrieden und satt, verursacht keine Blähungen und keine Müdigkeit nach dem Essen. Richtiges Würzen erhöht die Bekömmlichkeit unserer Speisen. Es genügen oft schon geringe Mengen an Kräutern und Gewürzen. Sie dienen nicht dazu, uns satt zu machen, sondern helfen unseren Verdauungsorganen, die Nahrung zu verdauen.

6.2 Rezepte

Die Rezepte zeigen Ihnen welche Zutaten verwendet werden sowie mit der Kochanleitung wie diese zubereitet werden. Bei den Zutaten wird neben den Mengenangaben auch die Wichtigkeit für die Therapie angezeigt. Wenn dabei angezeigt wird "weniger als angegeben" versuchen Sie diese Empfehlung einzuhalten oder eine Alternative aus der Liste der "Empfohlenen Lebensmittel" zu finden. Meistens ist es nur eine leichte geschmackliche Änderung wenn Sie diese Zutat gänzlich weglassen.

Schonende Kochmethoden: Kochen, dämpfen, pochieren, dünsten
Scharfe Kochmethoden: Grillen, rösten, anbraten, räuchern
Ausgeglichene Kochmethoden: Frittieren, Römertopf

Auf das Einfrieren und erwärmen in der Mikrowelle sollte verzichtet werden (Denaturierung).

6.3 Lebensmittel

Lebensmittel wirken wie Heilkräuter auf Körper und Geist, nur wesentlich sanfter. Die Ernährungsberatung stützt sich hauptsächlich auf heimische Lebensmittel. Das Wissen über die Wirkungsweisen jedes einzelnen Lebensmittels und das Wissen wann welche Lebensmittel zur Anwendung kommen, entstammt der Schulmedizin. Verwende Sie möglichst Erzeugnisse aus ökologischen-biologischem Landbau.

Da wegen der besseren Verdaulichkeit grundsätzlich alles lange gekocht und kaum roh gegessen wird, ist die Verträglichkeit hervorragend.

Die Einteilung der Lebensmittel entsprechend ihrer Wirkung auf den Körper und bildet die Basis, um einen ausgewogenen und harmonischen Gesundheitszustand im Körper zu erreichen.

Grundsätzlich empfiehlt die Ernährungsberatung keine bestimmten Lebensmittel für Jedermann. Ausschlaggebend für den individuellen Speiseplan ist vor allem die persönliche Konstitution.

Kaufen Sie nur frisches und reifes Obst und Gemüse ein. Braune Stellen, welke Blätter aber auch unreifes Obst und Gemüse sollten Sie im Supermarkt zurücklassen. Greifen Sie dann zu Tiefkühlware (keine Fertiggerichte!). Tiefkühlobst und -gemüse werden kurz nach dem Ernten schockgefroren und enthalten deshalb oftmals mehr Vitamine und Mineralstoffe, als die Ware aus der Obst- und Gemüsetheke! Konserven- und Dosenware dagegen enthält wesentlich weniger Biostoffe. Zudem werden Letztere meist mit Salz, Zucker usw. angereichert. Lassen Sie die Zutaten nach dem Waschen nie im Wasser liegen, denn so gehen viele Vitalstoffe ins Wasser über! Putzen Sie Salate, Früchte und Gemüse erst unmittelbar vor Verzehr.

Beachten Sie bitte die hygienische Verarbeitung der Lebensmittel. Waschen Sie Ihre Salate, Früchte und Gemüse gründlich. Bei Gerichten mit Fleisch bereiten Sie zuerst die Zutaten vor und verarbeiten dann die Fleischprodukte. Reinigen Sie danach die Arbeitsflächen und Werkzeuge besonders gründlich. Holzunterlagen sollten regelmäßig mit leichtem Desinfektionsmittel behandelt werden um die Keimbildung einzuschränken.

Bewahren Sie Obst und Gemüse möglichst getrennt voneinander auf. Auch geerntete Früchte und Gemüse leben und strömen z.B. Ethylengas aus, das andere Sorten schneller reifen und altern lässt. Fleisch und Fisch in der verschlossenen Verpackung lassen oder in luftdichten Boxen im Kühlschrank aufbewahren.

6.4 Kräuter

Bei der Aufbewahrung und Lagerung von Heilkräutern, müssen gewisse Grundregeln beachtet werden. Grundsätzlich müssen Heilkräuter geschützt vor direkter Sonneneinstrahlung, vor Feuchtigkeit und vor heißen Temperaturen gelagert werden.

Als Gefäße für die Lagerung von Heilkräutern können Gläser, Keramik-Behälter und zur Not auch Plastik-Dosen eingesetzt werden. Plastik ist aber ein sehr unreines Material und sollte daher wirklich nur eine kurzfristige Notlösung sein. Bei Glasbehältern ist darauf zu achten, dass dunkles Glas verwendet wird.

Heilkräuter können nicht beliebig lange aufbewahrt werden. Die Haltbarkeit von Heilkräutern ist auf jeden Fall begrenzt. Durch die Haltbarkeitsdauer kann durch sachgerechte Lagerung wesentlich erhöht werden. So soll der Lagerplatz dunkel, eher kühl und absolut trocken sein. Ein Medizinschrank aus Holz, der nicht direkt bei einer Wärmequelle platziert ist wäre ideal. Um Ihre Heilkräuter nicht wegwerfen zu müssen, kaufen Sie nicht zu große Mengen an Heilpflanzen. Beschriften Sie die Behälter mit dem Namen des Heilkrauts und dem Datum der Ernte bzw. der Verarbeitung.

7 Weitere Ernährungsvorschläge

Folgende Syndrome der Diätetik, der TCM oder als Therapieergänzung bei Krebs sind verfügbar.

DIÄTETIK

1. Ernährung des Säuglings - Beikost
2. Ernährung in der Stillzeit
3. Ernährung im Alter
4. Ernährung von Kindern und Jugendlichen
5. Ernährung von Sportlern
6. Leichte Vollkost
7. Schwangerschaft
8. Vollkost

Eiweiß und Elektrolyt – Nieren

9. (Hämo-)Dialysebehandlung
10. Akutes Nierenversagen
11. Chronische Niereninsuffizienz
12. Nephrotisches Syndrom
13. Nierensteine (Nephrolithiasis)

Gastrointestinaltrakt - Bauchspeicheldrüse

14. Akute Pankreatitis (Entzündung der Bauchspeicheldrüse)
15. Chronische Pankreatitis (Entzündung der Bauchspeicheldrüse)

Gastrointestinaltrakt - Dünndarm und Dickdarm

16. Akute Obstipation (Verstopfung)
17. Chronische Obstipation (Verstopfung)
18. Colon irritabile
19. Divertikulitis
20. Erworbene Laktoseintoleranz (Laktosemalabsorption)
21. Fruktosemalabsorption
22. Glutensensitive Enteropathie (Zöliakie)
23. Kolektomie
24. Kurzdarmsyndrom

Gastrointestinaltrakt - Leber, Gallenblase, Gallenwege

25. Akute und chronische Hepatitis (Entzündung der Leber)
26. Cholelithiasis (Gallensteine)
27. Fettleber
28. Leberzirrhose

Gastrointestinaltrakt - Magen und Zwölffingerdarm

29. Akute Gastritis
30. Chronische Gastritis
31. Magenblutung
32. Ulcus ventriculi und Ulcus duodeni
33. Zustand nach Magenoperation

Gastrointestinaltrakt - Mundhöhle und Speiseröhre

34. Mundschleimhautentzündung
35. Ösophaguskarzinom (Speiseröhrenkrebs)
36. Reflüxösophagitis (Sodbrennen)

spezielle Krankheiten

37. Phenylketonurie (PKU)
38. Rheumatische Gelenkserkrankungen

Stoffwechsel
39. Adipositas (Übergewicht)
40. Diabetes mellitus
41. Essstörungen (Untergewicht)

Fettstoffwechsel
42. Hypercholesterinämie (erhöhter Cholesterinspiegel)
43. Hepatische Enzephalopathie

Herz- und Kreislauf
44. Arteriosklerose (Arterienverkalkung)
45. Herzinsuffizienz
46. Hypertonie (Bluthochdruck)
47. Hyperurikämie und Gicht

veränderter Nährstoffbedarf
48. bei Fieber
49. bei malignen Erkrankungen
50. nach Verbrennungen
51. Strahlen- und Chemotherapie

KREBS
100. Bauchspeicheldrüse
101. Blasenkrebs
102. Blutkrebs (Leukämie)
103. Brustkrebs
104. Darmkrebs
105. Magenkrebs
106. Nierenkrebs
107. Speiseröhrenkrebs

TCM
200. Blase - Feuchte Hitze in der Blase
201. Blase - Feuchtigkeit und Kälte in der Blase
202. Blase - Leere und Kälte in der Blase
203. Dickdarm - äussere Kälte befällt den Dickdarm
204. Dickdarm - Feuchte Hitze im Dickdarm
205. Dickdarm - Hitze blockiert den Dickdarm II akut
206. Dickdarm - Trockenheit des Dickdarms
207. Dickdarm - Yang Mangel (Kälte)
208. Herz - Blut Mangel
209. Herz - Blut Stagnation
210. Herz - Feuer
211. Herz - Heisser Schleim verstopft die Herzporen
212. Herz - Kalter Schleim verstopft die Herzporen
213. Herz - Qi Mangel
214. Herz - Yang Mangel
215. Herz - Yin Mangel
216. Leber - aufsteigender Leber-Yang
217. Leber - Blut-Mangel
218. Leber - Blut-Stagnation
219. Leber - feuchte Hitze in Leber und Gallenblase
220. Leber - Feuer
221. Leber - Gallenblase Qi-Leere
222. Leber - Kälte im Lebermeridian
223. Leber - Qi-Stagnation

224. Leber - Wind
225. Leber - Wind mit aufsteigendem Leber Yang
226. Leber - Wind mit Blutleere
227. Leber - Wind mit extremer Hitze
228. Lunge - Qi Mangel
229. Lunge - Schleim-Feuchtigkeit in der Lunge
230. Lunge - Schleim-Hitze in der Lunge
231. Lunge - Schleim-Kälte in der Lunge
232. Lunge - Trockenheit der Lunge
233. Lunge - Wind-Hitze befällt die Lunge
234. Lunge - Wind-Kälte befällt die Lunge
235. Lunge - Yin Mangel
236. Magen - Blutstagnation
237. Magen - Feuer
238. Magen - Magenkälte mit Flüssigkeit
239. Magen - Nahrungsstagnation
240. Magen - Qi Mangel
241. Magen - rebellierendes Magen Qi
242. Magen - Yin Leere
243. Milz - Hitze und Feuchtigkeit befällt die Milz
244. Milz - Kälte und Feuchtigkeit befällt die Milz
245. Milz - Qi Mangel
246. Milz - Qi Mangel + Absinkendes MilzQi
247. Milz - Qi Mangel + Milz kontrolliert das Blut nicht
248. Milz - Yang Mangel
249. Niere - Herz und Niere kommunizieren nicht mehr
250. Niere - Jing Mangel
251. Niere - Nieren können das Qi nicht empfangen
252. Niere - Qi ist nicht fest
253. Niere - Yang Mangel
254. Niere - Yin Mangel